中国古代帝王大传

康熙传

启文——主编

KANGXI ZHUAN

中国国际广播出版社

图书在版编目（CIP）数据

康熙传 / 启文主编 . -- 北京 : 中国国际广播出版
社 , 2023.2

ISBN 978-7-5078-5298-1

Ⅰ . ①康… Ⅱ . ①启… Ⅲ . ①康熙帝（1654－1722）
—传记 Ⅳ . ① K827=49

中国版本图书馆 CIP 数据核字（2022）第 241237 号

康熙传

主　　编　启　文
责任编辑　张博文　李　卉
校　　对　张　娜
设　　计　博文斯创

出版发行　中国国际广播出版社有限公司 ［010-89508207（传真）］
社　　址　北京市丰台区榴乡路 88 号石榴中心 2 号楼 1701
　　　　　邮编：100079
印　　刷　金世嘉元（唐山）印务有限公司

开　　本　720 毫米×1020 毫米　1/16
字　　数　230 千字
印　　张　16
版　　次　2023 年 6 月　北京第一版
印　　次　2023 年 6 月　第一次印刷
定　　价　69.80 元

前言

　　清朝是我国历史上最后一个封建王朝，在我国两千多年封建王朝历史中具有特殊意义。由于它是距离我们最近的朝代，因此清代诸帝的故事也被大家所研究和探讨。清朝共十二帝，其中最著名之一的就是爱新觉罗·玄烨，即康熙帝。

　　康熙生于 1654 年，卒于 1722 年，8 岁即位，14 岁亲政，在位 61 年，是中国封建王朝中在位时间最长的皇帝。17 世纪下半叶到 18 世纪初，这是一个空前的时代。此时，欧洲进行着资产阶级革命，部分列强开始对外扩张，他们将目光瞄准了遥远的东方。在国内，清朝刚刚建立，战乱尚未平息，且清朝内部暗流涌动，社会矛盾尖锐。康熙所要面对的，是一个外部不安、内部不稳的局面。

　　面对并不安宁的环境，康熙稳定局面，励精图治，开创盛世。年少登基后，他先铲除了权臣鳌拜，开始亲理朝政；军事上平定"三藩"，收复台湾，奠定了清王朝的版图；驱逐沙俄侵略者，维护国家主权；亲征噶尔丹，确保西北稳定；统一漠北，进兵安藏，使中华各民族相融合。在政治、经济、文化上，康熙也颇有建树：重用汉官，尊孔倡儒，缓解了民族间的矛盾；重农恤商，轻徭薄赋，缓解了百姓的压力；治理黄河，四处巡幸，改善了民生问题；编修典籍，发展教育，提高了民族的文化素养。此外，康熙还特别爱好科学知识，在天文、历法、数学方面有一定造诣，这在历代帝王中是十分罕见的。康熙还是一位仁爱和孝顺的帝王，他对臣子宽容，善待百姓，孝顺长辈……康熙一生文治武功都有辉煌的成就，使清朝的统治进入到全盛时期，取得了诸多成就，所以一直被后人所称颂。有历史学者称："中国两千年皇朝史，堪称大帝者：前有唐太宗，后有康熙帝。"

　　本书在文前设计了"帝王档案"，梳理了康熙帝的一生；在正文的最后设置了附录，记录了康熙帝的皇后、皇子和皇女。便于广大读者理解阅读本书的内容，在正文中设置了"人物档案""读而时思之""'纵横交织'得感悟"等栏目，使读者了解历史人物，引发思考，提高互动。由于编写时间仓促，书中难免存在疏漏，还请广大读者批评指正。

康熙

- **本名：** 爱新觉罗·玄烨
- **别名：** 清圣祖，康熙帝
- **身份：** 清朝第四位皇帝，清朝定都北京后第二位皇帝，康乾盛世的开创者，千古一帝

- **生卒年：** 1654—1722 年
- **属相：** 马
- **所处时代：** 清朝

- **年号：** 康熙
- **在位时间：** 1661—1722 年
- **谥号：** 合天弘运文武睿哲恭俭宽裕孝敬诚信中和功德大成仁皇帝
- **庙号：** 圣祖
- **陵寝：** 清景陵

- **民族：** 满族
- **出生地：** 北京紫禁城景仁宫

- **爱好特长：** 读书，编修典籍，研究科学
- **为政举措：** 强化皇权，治吏亲民，尊崇儒学，蠲免钱粮，修治漕运
- **主要成就：** 平定三藩，统一台湾，抗击沙俄，亲征噶尔丹，开创盛世

康熙生平大事记

1654—1722

年少登基 罢黜权臣

1岁 **1654 年**
三月，生于北京紫禁城景仁宫。

8岁 **1661 年**
正月，父顺治帝驾崩。即位登基，年号康熙。四大辅政大臣主持朝政。

10岁 **1663 年**
二月，母佟佳氏去世。

12岁 **1665 年**
三月，杨光先与汤若望发生历法之争。
十二月，沙俄入侵东北。

14岁 **1667 年**
七月，开始亲政，每日御门听政。

16岁 **1669 年**
四月，幸太学，祭孔子。
五月，铲除鳌拜集团。
六月，下令禁止圈地。

平定内乱 统一中华

18岁 **1671 年**
九月，东巡盛京，告祭祖陵。

20岁 **1673 年**
三月，下达撤藩令。
十一月，吴三桂起兵造反。
十二月，杨起隆"朱三太子"叛乱，被平。

21岁 **1674 年**
三月，耿精忠起兵造反。
四月，杀吴三桂之子吴应熊。
十二月，提督王辅臣叛变。

22岁 **1675 年**
三月，察哈尔亲王布尔尼起兵造反。
四月，平布尔尼叛乱。
十二月，立胤礽为皇太子。

23岁 **1676 年**
二月，尚之信起兵造反。
六月，王辅臣归降。
十月，耿精忠投降。

24岁 **1677 年**
设南书房。
五月，尚之信投降。
七月，命河道总督靳辅治河。

25岁 **1678 年**
三月，吴三桂称帝。
八月，吴三桂死。
十月，皇四子胤禛出生。

26岁 **1679 年**
三月，试博学鸿儒于体仁阁。
下令纂修《明史》。

28岁 **1681 年**
开始使用奏折处理政事。
建立木兰围场。
二月，召见于成龙，称"当今清官第一"。

十月，吴世璠自杀，"三藩之乱"结束。

29岁 1682 年

三月，二次东巡，拜谒盛京三陵，巡幸吉林。

十月，委福建水师提督施琅攻取台湾。

30岁 1683 年

闰六月，施琅攻取澎湖。

八月，郑克塽投降，台湾统一。

31岁 1684 年

四月，设台湾府。

九月，开海，允许海上贸易。首次南巡。

十月，巡视黄河北岸。

十一月，祭明太祖陵。至曲阜孔庙祭孔子。

抗击沙俄 安定蒙藏

32岁 1685 年

五月，雅克萨之战，战胜沙俄。

33岁 1686 年

正月，令副都统马喇督理黑龙江屯田。

八月，二次雅克萨之战，再胜沙俄。

34岁 1687 年

十二月，祖母孝庄去世。

35岁 1688 年

二月，罢黜大学士纳兰明珠。

三月，革河道总督靳辅职位。

四月，噶尔丹侵犯喀尔喀蒙古，

挑起战火。

36岁 1689 年

正月，二次南巡，巡视黄河中游。

七月，中俄签订《尼布楚条约》。

37岁 1690 年

七月，亲征噶尔丹。

八月，大败噶尔丹于乌兰布通。

38岁 1691 年

十月，派人赴陕西勘灾情，予以赈济。

39岁 1692 年

四月，再拨银两赈济陕西灾民。

42岁 1695 年

五月，命在京八旗造屋，以居八旗无房兵丁。

43岁 1696 年

二月，二次亲征噶尔丹。

五月，大败噶尔丹于昭莫多。

44岁 1697 年

二月，三次亲征噶尔丹。

闰三月，噶尔丹自杀，平定漠北。

十月，仓央嘉措被立为六世达赖，授以印信、封文。

治国之道与晚年不幸

45岁 1698 年

三次东巡，谒永陵及盛京二陵。

46岁 1699 年

二月，三次南巡。

三月，巡视黄河河工，进行部署。

1700 年 47岁

三月，命张鹏翮为河道总督。
六月，命张鹏翮修浚海口。

1702 年 49岁

张鹏翮报河工大致完成。
正月，诏修国子监。
九月，四次南巡。

1703 年 50岁

开始修建避暑山庄。
正月，南巡途中，检验张鹏翮河工。
五月，将索额图拘禁。

1705 年 52岁

二月，五次南巡，再度阅河，检验改建工程。

1707 年 54岁

五月，六次南巡，再次阅河，审议意见。

1708 年 55岁

九月，废黜皇太子胤礽，将其幽禁。

1709 年 56岁

三月，复立皇太子胤礽。

1710 年 57岁

三月，下令编纂《康熙字典》。

1712 年 59岁

九月，再废皇太子胤礽，将其幽禁。

1713 年 60岁

正月，册封班禅呼图克图为班禅额尔德尼。
二月，审理戴名世《南山集》一案。

1714 年 61岁

修编完成《律历渊源》。

1716 年 63岁

十一月，策妄阿拉布坦偷袭西藏。
十二月，《康熙字典》纂成。

1717 年 64岁

正月，议定禁海政策及具体办法。

1720 年 67岁

正月，进兵安藏。
二月，册封格桑嘉措为六世达赖喇嘛。
九月，护送六世达赖进入拉萨，平定准噶尔叛乱。

1722 年 69岁

十一月，患病回宫，驾崩于畅春园。命皇四子胤禛继承大统。后葬于景陵。

目 录
CONTENTS

第一章

志存高远的少年

爱新觉罗·玄烨集三种血缘于一身，童年命运波折。玄烨出身于帝王之家，却未能享受到父母的关爱，三岁出宫避痘，却没有逃过天花的侵袭，小小年纪就和死神搏斗。八岁丧父，十岁丧母，非常不幸。但是他没有向命运低头，刻苦读书，等待机遇。刚建立起不久的清朝的重担，就落在了他幼小的肩膀上。

· 第三皇子，玄烨的三种血缘 ·

顺治十一年三月十八日（1654年5月4日），北京紫禁城景仁宫里一片祥和喜庆，顺治帝喜添第三个皇子，取名玄烨，这就是后来的康熙大帝。这一年清朝迁都北京刚满十年。

玄烨出生在帝王之家，这是他和百姓的区别。但他身上有个最大的与众不同之处，那就是拥有满族、汉族和蒙古族三种血统。

玄烨出身清朝爱新觉罗宗室，自然具有满族血统。清太祖努尔哈赤是康熙的曾祖父，清太宗皇太极是康熙的祖父，清世祖顺治是康熙的父亲，所以说，玄烨出身爱新觉罗宗室，身上流淌着满族人的血。

玄烨的祖母，也就是顺治的母亲为博尔济吉特氏，即孝庄太皇太后，她是蒙古族人，为成吉思汗后裔，所以康熙身上还有着四分之一的蒙古血统。康熙从小和祖母一起生活，还受到了孝庄太皇太后随嫁的贴身丫鬟苏麻喇姑的照顾。苏麻喇姑照顾康熙的生活，教他蒙语和蒙古文，让康熙了解蒙古文化，对他后来解决蒙古问题和缔造满蒙联盟具有深远影响。

◈ 人物档案 ◈

顺治，即爱新觉罗·福临（1638—1661）。清朝第三位皇帝，康熙的父亲，清朝定都北京后的首位皇帝，生于沈阳故宫永福宫。6岁登基，由其叔父睿亲王多尔衮摄政。顺治七年（1650），多尔衮出塞射猎，死于滦河，福临提前亲政。后清军入关，迁都北京。顺治十八年（1661），福临去世，终年二十四岁。庙号世祖，葬于清东陵之孝陵。

顺治

康熙的母亲佟佳氏则是汉人，是顺治的皇妃。佟氏家族也是辽东的望族，原住辽东开原，后来迁居抚顺，以经商为生。佟氏家族早在努尔哈赤起兵之时就有联系。当年佟氏的叔爷佟养性在明朝时期被缉拿入狱，脱狱后，佟氏全族投奔了努尔哈赤，在皇太极时期，佟养性受命在沈阳研制红衣大炮，组建炮兵，并成为第一任汉军都统。佟养性的女儿嫁给了克勤郡王，与皇家联姻。在佟养性死后，佟佳氏的爷爷佟养正，也就是佟养性的弟弟被任命为游击，镇守江城。后来佟养正和其长子佟丰年被杀，其次子佟图赖继承了他的职位。佟图赖就是佟佳氏的父亲，也就是康熙的外祖父。佟图赖死后，儿子佟国纲继承职位，佟国纲是玄烨的舅舅，后来在康熙帝抵抗噶尔丹的乌兰布通战役中战死沙场。佟国纲的弟弟佟国维是康熙的叔舅，他的女儿也许配给了康熙作为妃子，这是后话。由此可见，佟氏家族与大清皇族紧紧联系在一起。

　　由此可见，康熙身体中流淌着三种

孝康章皇后

血统，从小也接受着三种不同文化的熏陶。他继承了满族人的勇武与坚韧，有蒙古族人的高远与大度，又有汉族人的仁爱与韬略。三种不同的血统，三种不同的文化融合在康熙一个人身上，三种不同的品格在康熙身上体现得淋漓尽致，既能像蒙古族一样驰骋于草原，又能像满族人征战于沙场，还有汉人的坚忍不拔、厚积薄发。这在中国皇帝王朝的两千多年的历史中，是空前绝后的。在中华民族历史发展的长河中，各民族有着各自的特点，又有着共同的文化，彼此亲如兄弟、血浓于水，这在康熙身上得到了很好的体现。

> **读而时思之**
>
> 　　康熙身上有三种血统，这在历代帝王中可以说是与众不同的。你还知道哪些具有双重或多重血统的皇帝吗？你认为康熙未来所取得的成就和他这样的特殊血统有关联吗？

·童年康熙，不幸与幸运交织·

　　玄烨身为皇子，享有荣华与富贵，但是，他也失去了幼儿应当享受的母爱天伦。清朝规定，皇家子女生下来后，都要由保姆带走，交给乳母抚养。玄烨也不例外，出生后就与生母分离，每隔几个月母子才能见上一面，见面之后生母也不允许随便逗孩子，在孩子学说话后，生母更是不允许随便与孩子说话。

　　在清代，天花是一种可怕、致命的传染病。为了避免得此病，玄烨就由乳母带着离开紫禁城，到京城西郊的一所寺庙中躲避天花。当时，玄烨按照古老的办法，用天花病人的脓疮制成的粉末接种疫苗，将粉末吹进人的左鼻孔。按照此种办法，孩子就会发烧，并伴发轻微的水痘。不过这个办法对玄烨无效，玄烨还是出了天花。得了这种病，能否存活，完全看命。幸运的是，玄烨从死神的手中挣脱，幸运地活了下来，只是在脸上留下了许多麻点。

　　玄烨八年的皇子生活，遭受了普通人难以想象的不幸，总结起来有八点：

第一个不幸就是从小就离开母亲的怀抱，独住一处，不仅没有和父母同住，而且很难见到父母。

第二个不幸就是宫外避痘，世居山林的满族人来到中原后容易感染天花，而这种病在当时来说死亡率很高，又没有特效药，宫中也是谈痘色变，于是玄烨在两三岁的时候，就出宫避痘了，直到四五岁出痘以后，才搬回皇宫。

第三个不幸是家庭关系复杂，顺治帝先后娶了19位后妃，其中有满人、蒙古人、汉人，家庭关系十分复杂，孝庄皇太后为顺治选了五位博尔济吉特氏的蒙古后妃，但顺治并不喜欢她们，先是废掉了第一位皇后，又疏远了第二位皇后，对其他三位妃子也非常冷漠。顺治和孝庄的关系也因此磕磕绊绊，而这些都是玄烨亲眼所见、亲身经历的。

第四个不幸是被父皇忽视。在玄烨两岁到七岁时，顺治热恋董鄂氏。玄烨三岁时，董鄂氏入宫，成为皇贵妃；在玄烨四岁时，董鄂妃生下一子，也就是皇四子，顺治想要立他为继承者；玄烨五岁时，皇四子夭折，追封荣亲王，顺治帝与董鄂妃悲痛欲绝；玄烨七岁时，董鄂妃病逝，顺治寻死觅活，甚至要剃度出家，最后身染重病。而且在玄烨成长的这几年里，顺治根本就没时间顾及他，玄烨的幼年没有父爱。

第五个不幸是得了天花。染上天花可谓九死一生，没有治疗方法，全靠自身抵抗力。玄烨在发烧、疼痛、恐惧中煎熬，在保姆和太监的悉心照料下，与死神擦肩而过。

第六个不幸是脸上留下麻子。因为得了天花，使玄烨脸上留下痘痕，也就是长了麻子。对普通人来说，脸上留下麻子都是一种遗憾，更何况是皇帝！

第七个不幸是八岁丧父。虽然顺治对玄烨十分冷落，但毕竟有父亲在就有庇护。结果玄烨八岁时，顺治帝病重而亡，年仅24岁，这对幼小的玄烨来说无疑是巨大的打击。

第八个不幸是十岁丧母。在玄烨十岁时，母亲佟佳氏也离他而去。刚刚失去了父亲，两年内又失去了母亲，对于玄烨来讲是天崩地裂的灾难，是人生中最大的不幸。玄烨的童年充满悲剧，没有得到亲情和温暖，这对他的影响是终生的。

玄烨在不幸面前没有气馁、消沉和颓废，他勤奋学习，磨炼意志，培养了自强、自立、自信的意志。在他出宫避痘的时候，孝庄太皇太后经常派苏麻喇姑去照料他，苏麻喇姑是孝庄的陪嫁侍女，但是她精通满语，写得一手漂亮的满文，文化素养很高，而且为人厚道，可以说是玄烨的启蒙老师。有这样的好老师，康熙也是幸运的。

玄烨五岁开始读书写字，他除了学习满洲语文、蒙古语文之外，还要学习汉语文。其中包括《三字经》《百家姓》《千字文》《大学》《中庸》《论语》《孟子》等，对他幼小的心灵产生了深刻的影响，玄烨学习汉族传统文化时，先朗读，后背诵，他给自己规定每一段、每一篇都要反复朗读和背诵，直到滚瓜烂熟，融会于心。玄烨通过读书初步了解历史，了解经典，贯通古今，为他后来治国平天下奠定了坚实的基础。

"纵横交织"得感悟

玄烨的童年是不幸的，但因而也是幸运的。不幸的是他受父亲冷落、幼年失去父母，因为出痘九死一生；也正是因为他出了水痘，对继承皇位起到了关键性的作用，这方面讲，玄烨又是幸运的。顺治帝在临终前选择继承人时，把出过天花作为一项重要的条件，因为出过天花的人具有终身的免疫力，玄烨因祸得福，成为皇位继承人。

·年少有志，获得命运的垂青·

玄烨从小就有高远的志向。一日皇子们集体去给父皇请安，请安之余顺治问儿子们将来的志向。当时被问的有三位皇子：皇二子福全，皇三子玄烨，皇五子常宁。皇五子常宁刚刚三岁，什么事儿也不懂，就没参加考试。皇二子福全先发言："愿为贤王。"福全的回答不会得罪人，而且很谦虚。而玄烨平静地回答说："待长而效法皇父，黾勉尽力。"就是努力工作，以父亲为榜样的意思。

年幼的玄烨此句回答非常有深意。首先，这句回答表达出父皇是好皇帝，是值得自己学习的榜样；其次，表明自己想要做个好皇帝；第三，让自己的父亲放心，将来会沿着父亲开辟的道路前进。康熙回答的时机也很好，二哥福全先回答，如果已经先说想做皇帝，玄烨也说想做皇帝，那明摆着就是要争权夺势。但福全偏偏说自己想做王爷，这样一来，玄烨说想做皇帝就无可厚非了。不但不会得罪人，而且非常有魄力，好像在说："父皇莫担忧，二哥不愿当皇帝，还有我呢，将来我来顶大清的天。"

一听玄烨的回答，顺治顿时很满意，夸玄烨有出息，玄烨终于引起了父亲的注意。可惜世事无常，没过多久，顺治帝染了重病，且自己感觉来日无多，于是开始思考继任的人选。

顺治帝病危时，皇子中最大的才九岁，最小的两岁，完全没有办法担当国家大任，顺治自己也是年幼即位，亲身感受过摄政王多尔衮专权所带给他的屈辱经历，他不想让这个悲剧重演。于是，顺治帝就想在他的兄弟中找一位继承者。

孝庄太后极力反对顺治的意见，力主子继父位。孝庄太后坚持皇位的继承人要在努尔哈赤、皇太极、福临的直系血统中延续，如果顺治帝从他的兄弟中选出一位做皇帝的话，顺治帝的儿子就只能做亲王、郡王，再也难有机会做皇帝了。而且，顺治帝目前的五个兄弟，生母都不是孝庄，一旦他们中的哪一个做了皇帝，孝庄的地位就受影响了，对于孝庄来说，处境必然艰难。

爱新觉罗宗室中的亲王、郡王、贝勒、贝子们也都赞成孝庄的意见，认为应该从皇子中选择皇位继承人。如果从顺治的兄弟们中选，很可能仅剩下的五个兄弟会互相攻击，进行权力争斗。出于平衡宗室关系、避免内部矛盾和冲突的考量，也应该从皇子们中间选。

最后，顺治问了西方传教士汤若望。汤若望虽然是洋人，但深得顺治信任。汤若望也觉得从皇子中挑选更加妥当，而且认为玄烨出过天花，这是他最大的优势。

顺治帝听了各方意见后，与孝庄太后商议后，统一了意见，最终选择玄烨继承皇位，并以皇帝遗诏的形式发布。就这样，玄烨成了那个幸运儿。玄烨胜出的最大理由正是出过天花，以后再也不会因为天花而夭折了。

顺治十八年正月初七（1661 年 2 月 5 日），顺治帝驾崩。八岁的玄烨即位，成为清朝第四位皇帝，年号康熙。

玄烨年纪尚小，无论如何也无法直接参与政事，顺治帝也考虑到这一点，为玄烨寻找辅政大臣。为了避免玄烨步自己的后尘，顺治帝与孝庄太后商量后决定，为玄烨选四位辅政大臣：索尼，苏克萨哈，遏必隆，鳌拜。这四个人都

人物档案

孝庄皇太后（1613—1688）即孝庄文皇后，博尔济吉特氏，名布木布泰，意为"天降贵人"。蒙古科尔沁部贝勒寨桑次女，孝端文皇后的侄女，敏惠恭和元妃的妹妹，出生于明万历四十一年（1613）二月初八。天命十年（1625）嫁给努尔哈赤第八子皇太极，为侧福晋。崇德元年（1636），皇太极在盛京称帝后，受封为永福宫庄妃。崇德三年（1638），生皇九子福临，即顺治。崇德八年（1643），顺治帝即位，与其姑孝端文皇后两宫并尊，称圣母皇太后，顺治八年（1651）上徽号曰昭圣皇太后，康熙帝即位后尊为太皇太后。康熙二十六年（1688）十二月二十五日崩逝，葬于昭西陵。

属于八旗中的"上三旗"，都具备很强的能力，能够起到相互制衡的作用，只要哪家冒头，必然会遭到另外三家的联手打压。

作为玄烨最为可靠、最能信任的支柱，他的祖母孝庄太皇太后帮他掌控大清政权的中枢，无论是资历还是阅历，孝庄都可以震慑满朝文武。

孝庄文皇后一生历经天命、天聪、崇德、顺治、康熙五朝，历四帝，她不仅聪明美丽、能屈能伸，以政治家的才能、谋略帮助丈夫皇太极，之后又帮助幼子福临继承大统，现在又帮助孙子玄烨登基。

孝庄文皇后

玄烨登基，是为康熙帝。这时的小康熙要做的是勤奋读书，观看和学习辅政大臣们如何处理朝政。此时国家并不太平，财政吃紧，三藩割据势力蠢蠢欲动，民族矛盾重重，边疆也不和睦，大清面临着多重危险。

在这个局面下，孝庄太皇太后用自己的智慧和坚韧，帮助幼年康熙一步步成长。小康熙耳濡目染，不停地为自己蓄积着力量，只为机会来临时的一飞冲天，心中立志治国平天下，孝庄太皇太后对他有深远影响。

读而时思之

　　孝庄既当过皇后，又当过太后，还当过太皇太后，这在中国历史上也是罕见的。你对孝庄皇太后有什么印象？民间传言他曾和顺治时期摄政王多尔衮有一段爱情故事，此事也在现代清宫戏中有所体现，你觉得这个传说是真的吗？

第二章

罢黜权臣，攘除奸凶

战胜死神的玄烨终于得到了命运的眷顾，八岁的他坐上了象征天下权力巅峰的宝座，是为康熙帝。面对辅政大臣专权，康熙学会了隐忍，在忍耐中蓄积力量，厚积而薄发，最终用勇气和智慧扳倒了权臣鳌拜这座大山；用惩重宽轻的平和手段瓦解了鳌拜集团的势力，使朝政回归稳定，展现了勇气和胆魄。

· 四位大臣，辅助康熙易专权 ·

顺治帝临终前，选出四个辅政大臣来辅助康熙。他们分别是：索尼、苏克萨哈、遏必隆、鳌拜。

索尼文武双全，曾是努尔哈赤的一等侍卫。后来顺治登基，大权由多尔衮把持，索尼被罢官发配，后被平反。苏克萨哈曾经在平定明末农民起义孙可望部时六战六捷，立下大功，出任侍卫内大臣。遏必隆是努尔哈赤的外孙，原为多尔衮亲信，后投靠顺治帝。他曾在与明

人物档案

索尼（1601—1667），赫舍里氏，满洲正黄旗人。通晓满、蒙、汉文字，入直弘文馆，赐号"巴克什"，授一等侍卫之职，从征界藩、栋鄂等部。顺治五年（1648），奉命祭奠昭陵。后被诬陷辞官。顺治帝亲政后恢复官职，进封一等伯，擢内大臣、议政大臣、内务府总管。康熙六年（1667），加授为一等公。

人物档案

遏必隆（？—1674），钮祜禄氏，满洲镶黄旗人，努尔哈赤外孙，袭封一等昂邦章京，授一等侍卫。顺治元年（1644）随军入关，累授议政大臣、领侍卫内大臣、少傅兼太子太傅。顺治十八年（1661）成为辅政大臣，拜太师，封一等公。康熙八年（1669），朝廷惩治鳌拜时，受到康亲王爱新觉罗·杰书弹劾，削去太师，夺去世职。康熙十三年去世，谥号恪僖。

人物档案

苏克萨哈（？—1667），纳喇氏，满洲正白旗人，历官议政大臣、巴牙喇纛章京、领侍卫内大臣，加太子太保。顺治七年（1650），告摄政王多尔衮图谋不轨，多尔衮被追黜。后率军镇湖南。康熙即位后作为辅政大臣，与鳌拜不合，常不得志。康熙六年，被鳌拜及大学士班布尔善诬以不欲归政，列二十四罪，处以绞刑。

人物档案

鳌拜（约1610—1669），瓜尔佳氏，满洲镶黄旗人，后金开国元勋费英东之侄。跟随皇太极征战四方，战功赫赫。皇太极病逝后，拥戴皇九子福临即位，成为议政大臣，位极人臣。康熙即位后作为辅政大臣，操握权柄、结党营私。康熙八年，入狱论罪，囚死于牢中。

的松山大战中奋力杀敌，立下大功。后与多尔衮不合，受迫害，待顺治除掉多尔衮后重新被启用。鳌拜英勇过人，被授予"巴图鲁"称号，为清朝的建立也是立下了赫赫战功。

顺治帝选择这四个人作为辅政大臣，是做过多方面考虑的。首先，四人皆有威望，且都是皇亲国戚，但又不是皇族，这样就能堵住非议者的嘴。其次，四人皆为满清八旗中的"上三旗"，也就是镶黄

正黄旗 镶黄旗 正白旗 镶白旗

正红旗 镶红旗 正蓝旗 镶蓝旗

八旗军服

八旗军服以颜色作区别，但只为大阅礼时穿着，平时不用。起初各旗是地位平等的，入关之后才有皇帝自领上三旗的做法。所以正黄旗、镶黄旗、正白旗被称为上三旗，其余五旗为下五旗。

旗、正黄旗和正白旗，地位显赫。最后，四人在顺治时期皆被多尔衮打压，顺治帝提拔了他们，对他们有知遇之恩。

即使这样，玄烨还少一个绝对可靠的人来撑腰，那就是孝庄太皇太后。

当顺治颁布遗诏、四位大臣接到任命后，四位大臣首先做的就是跪告诸王、贝勒等人说："皇上遗诏，任命我们四个辅佐少主，向来国家政务都是由宗室协助办理，我等都是异姓臣子，怎么能越权，请求与诸王和贝勒共同担任！"以此来推测诸王和贝勒对此事的态度。

诸王与贝勒回复："皇上深知你们四个大臣的忠心，所以才委以重任，你们要好好干，我们岂敢干预，你们四位不得谦让！"得到诸王与贝勒的态度后，四个辅政大臣禀明孝庄太皇太后，在顺治帝灵位前发誓尽心竭力辅政。四位大臣代幼年康熙行使权力，但发号施令是以"辅臣称旨"的名义让诸王、贝勒和大臣们遵行。

四位辅政大臣中，苏克萨哈当初是靠背叛多尔衮才有了现在的地位，所以不被看好；遏必隆软弱，索尼则年老；因此，很多事都放到了正值壮年的鳌拜身上。鳌拜身居高位，是个凶狠的人物，有魄力，在惩治贪污腐败上，仅一年内就查办了500多名官员，同时他还进行了一系列的改革措施，提高了官府的工作效率，并且大力发展农业、整顿经济，且一举砍断了清朝中的宦官势力，避免宦官干政。久而久之，这个曾经勇猛的"巴图鲁"不把其他人放在眼里，越来越膨胀，遏必隆以他马首是瞻，索尼明哲保身，只剩下一个苏克萨哈还在和他正面交锋，但苏克萨哈势单力孤，已经不能对鳌拜构成威胁了。

时间一长，鳌拜就开始桀骜自恃了，脾气和胆子都越来越大，越来越专横跋扈，即使是在康熙面前也毫不避讳。在他看来，清朝由他说了算。

如此看来，顺治给康熙留下的四个辅政大臣就像四只老虎，尤其以鳌拜最为明显。权力这个东西，一旦上瘾就很难回头。顺治帝当初正因为明白这个道理，才安排了四只老虎，让他们相互争食，但他绝对没有想过，会有一只老虎特别霸道，最后可以灭掉其他三只老虎。鳌拜的专权，给幼年康熙埋下了严重的隐患。另一方面，顺治帝临终前可能根本没有预料到鳌拜会把握朝政。随着手中权力越来越大，鳌拜越来越不将康熙这个孩子放在眼里。但康熙没有低头，他选择了隐忍和积蓄能量。

◆隐忍退让，保护帝师斗鳌拜◆

自古以来，功高盖主，即使没有篡位之心也会受到皇帝的猜忌。更何况，现在的鳌拜已经位极人臣，完全不把少年康熙放在眼里。

此时，康熙与鳌拜的实力相差太过悬殊。康熙没有失去理智与鳌拜硬碰硬，而是选择了隐忍。这不是一味地忍气吞声，而是在暗中蓄积力量。康熙虽然会被鳌拜气得怒火中烧，但他都能忍下来，刻苦读书，学习各方面的知识，为日后的爆发积攒能量。

表面上，康熙表现出事事依赖鳌拜，听从他，给鳌拜一种好相处的假象。康熙心里清楚，只有隐忍才能保住性命，只有先保住性命才能计划未来。在朝堂上，鳌拜顶撞皇上，还呵斥其他大臣，贺新年之时，竟然黄袍加身，毫不顾忌。鳌拜要试探康熙的底线，而对于隐忍中的康熙来说，绝对是一生中最艰难的事。

鳌拜首先向康熙身边的人下手。出身正白旗的费扬古与鳌拜不和，费扬古的长子倭赫正好在宫中当差，鳌拜竟然将倭赫当作刺客杀死在康熙面前。

面对康熙的责难，鳌拜辩解道："皇上，知人知面不知心。工部尚书费扬古哪里是什么忠良之臣，他早就包藏祸心，只是碍于先皇英明神武，才不得不隐藏起真面目。先皇驾崩，皇上即位，费扬古觉得机会来了，狗急跳墙派倭赫行刺皇上。他的如意算盘是，只要倭赫阴谋得逞，那先皇钦定的四位辅政大臣就形同虚设了，费扬古就可以权倾朝野。费扬古本来就是个野心勃勃的小人，皇上怎么就没看出来呢？"

没两天，鳌拜强行替康熙宣旨，声称："现在的圣旨都必须经过皇上才能宣吗？"将费扬古和他的两个儿子在午门外斩首。除掉了费扬古，鳌拜将费扬古的家财送给了自己的弟弟。

鳌拜还不满足，又将毒手伸向康熙的老师、传教士汤若望。当初荣亲王死后，是汤若望给算的卦，算哪一天下葬更好，但是汤若望是洋人，不懂中国习俗，就按照自己国家的历法算了个日子。鳌拜正好抓住了这个小辫子，派杨光先诬陷汤若望算的日子给顺治帝带来了晦气，才导致顺治帝英年早逝。这个帽子扣得太大了，鳌拜亲自审问汤若望，判了他绞刑。

这次鳌拜要拿自己的老师开刀，康熙可坐不住了！为了救老师，他想了个办法，要求做个实验，看看到底是谁的历法推算得准。实验的内容就是推算日食的准确时间，最后以汤若望的西洋历法胜出而结束。既然这样，汤若望就该没事了吧？

结果鳌拜再次展现了他的霸权，这次他下令将汤若望凌迟处死。受到屈辱的康熙咬了咬牙，只能选择忍气吞声。然而，就在汤若望行刑的当天，北京发生了地震，天上出现彗星，宫里还发生了大火，似乎预示着皇帝能忍，上天都不能忍了。

此时孝庄太皇太后站了出来，要求鳌拜重审此案，鳌拜再怎么样，对孝庄也是有忌惮的，便放了汤若望。可是，汤若望最后还是在悲伤和失望中离开了人世。

有一天晚上，康熙到了慈宁宫。康熙跟着祖母走进一间内室，内室中只有他与孝庄太皇太后，康熙抑制不住地哭出声来。孝庄一边抚慰康熙，一边给他讲述了他的父亲顺治登基时的故事。随后，孝庄抓起一只巨笔，笔走龙蛇般写下了一个沉甸甸的"忍"字。

少年康熙仔细地想了想，明白了皇祖母的意思，这个"忍"字是告诉他要像父皇当年除去多尔衮那样，从隐忍中蓄积力量，一击奏效。康熙清楚现在的鳌拜把刀架在他的脖子上，往前冲只能送死，明哲保身是一步好棋。但是想要取得最终的胜利，他还需要磨一把锋利的、足够将敌人置于死地的尖刀。

读而时思之

面对权臣鳌拜的咄咄相逼，年幼的康熙没有畏惧，在祖母的庇护下暗自积攒能量。你觉得康熙这样做是胆怯吗？回顾历史，你还知道哪些幼年皇帝遇到被权臣打压的案例？

·生死博弈，刻骨铭心的仇恨·

鳌拜愈加骄横，康熙和孝庄一直在隐忍，但一直在计划着如何扳倒鳌拜。康熙和孝庄心中清楚，必须在鳌拜出手之前，为自己赢得更多有利的筹码。孝庄分析了当前的形势，鳌拜之外的三位辅政大臣，索尼的势力最为雄厚，但选择孤身自保；遏必隆与鳌拜沆瀣一气；而苏克萨哈与鳌拜一直敌对。孝庄和康熙祖孙二人想要拉拢索尼。

那么，索尼会不会下水呢？孝庄认为索尼一定会下水的。如果索尼不下水，就会得罪皇帝；如果鳌拜将来篡位了，索尼也会被鳌拜收拾。对于索尼来说，既然横竖是死，为什么不站在皇帝一边呢？康熙和孝庄选择了一个让索尼无法拒绝的理由，那就是联姻。康熙打算迎娶索尼的孙女，还要将其册封为皇后。

这个条件索尼不得不接受。如果反对，就是对圣上的大不敬。同时，康熙和孝庄用同一招迎娶了遏必隆的女儿为妃子。此计可谓一箭双雕，皇帝大婚就意味着皇帝已经成人，可以亲政掌控大权，鳌拜再大权独揽就是叛逆了，为天下人所不齿，首先占据了道义的高地。

鳌拜当即表示强烈不满，认为此事应该和群臣商议，但没人支持他。这次婚姻使得形势发生了微妙的变化，也使鳌拜产生了警惕之心。

接下来，又发生了一件事情。

据说有一次，鳌拜装病没有上朝，康熙立即亲自前往探望。鳌拜表现出努力地从床上爬起的样子，康熙走进去，连忙说道："爱卿！千万不要起身。"

鳌拜假客气："多谢皇上挂念，有劳皇上亲自探望，微臣深感惶恐！"康熙微笑着说道："爱卿这么说就见外了，你身体怎么样了？你就是太操劳了，让国事给累坏了，以后可要注意休息，像你这样的国之栋梁，朕如果没有你，那是万万不行的啊！"

就在这个时候，有人喊道："皇上小心，鳌拜这小子藏了刀！"

大臣在皇帝面前藏刀，这可是大罪。康熙却轻松笑笑，说道："刀不离身是满洲故俗，不用大惊小怪！"

出了鳌拜府，康熙被气得浑身发抖。但因为藏刀事件中康熙为鳌拜找借口脱了干系，使鳌拜放松了警惕，鳌拜认为少年康熙对自己没有威胁，就不必多虑了。康熙这边却夜不能寐，他更想要除掉鳌拜这个逆臣，只是还没有找到除去鳌拜的办法，盲目行事很容易造成大乱，给这个还不稳固的清朝廷带来致命的打击。

鳌拜继续得寸进尺。清朝入关，论功行赏。朝廷根据努尔哈赤和皇太极确定的原则，开始大量圈地分封给那些打下江山的八旗将士。顺治七年（1650），正黄旗、镶黄旗为八旗左右翼之首，按照原则应该得到肥沃的土地。但是手握大权的是正白旗的摄政王多尔衮，他下令将拨给镶黄旗的肥沃土地（今河北省卢龙县）圈给了正白旗，把正白旗差些的土地（属于保定、河间等地）分给了镶黄旗。正白旗的将士非常高兴，但是镶黄旗就闹意见了。鳌拜就是镶黄旗的，但那时多尔衮权倾朝野，他不敢造次。

康熙即位后，骄横的鳌拜想要出手来改变这件事。说干就干，鳌拜立即上书要求纠正当年的错误，把正白旗和镶黄旗的地交换回来。这一提议得到了当年受多尔衮打压的大臣的支持，就连索尼和遏必隆也随之附和。

反对的声音也有，比如大学士、户部尚书苏纳海认为，圈地行为已经过去二十多年了，现在朝廷也下令不让这么做了，就奏请朝廷，建议驳回鳌拜的提议。

苏纳海本身就是正白旗人，他的奏疏引起鳌拜的愤恨。鳌拜就发动自己的党羽，想尽办法诬陷苏纳海，还将直隶总督朱昌祚、直隶巡抚王登联等反对换地的官员逮捕。鳌拜竟然绕过康熙，将苏纳海等三人扣上"迁延藐旨""妄行具奏"等罪名，将他们处以绞刑。

此事对康熙的打击很大，直到十年后康熙提起此事，依旧气不打一处来，怒斥鳌拜残杀三个忠臣，可见康熙对鳌拜只能用"恨之入骨"四个字来形容了。当时的鳌拜可不这样想，他觉得自己讨回了公道，而且按照规定，康熙尚未亲政，朝中大事只要四个辅政大臣中三个通过，就算决定了。

"纵横交织"得感悟

鳌拜没有意识到，看似软弱的康熙会对他的仇恨如此强烈。鳌拜将眼前这个少年当作绵羊，即使是披着羊皮的狼，鳌拜这只斑斓猛虎也不会害怕。可是他绝没有想到，披着羊皮的不是狼，也不是蛇，而是一只在浅水中等待机会一飞冲天的巨龙，这也就注定了这位"巴图鲁"未来的命运了。

◆苦心经营，制订锄奸的计划◆

康熙六年（1667）正月，首辅大臣索尼领衔上奏，请求皇帝亲政。此议一出，众大臣纷纷附和。鳌拜心里很不是滋味，但他心里清楚，绝对不能干涉皇帝亲政，如果干涉，那就是谋逆了。更何况亲政不过是个形式，皇上手里也没有兵权。

七月初七，康熙帝登临太和殿，诏告天下，开始亲政。古人云："天将降大任于是人也，必先苦其心志，劳其筋骨。"康熙亲政后，还有更多挑战在等着他。

康熙站在龙椅前思绪交加，他清楚地知道自己没有实权，在内心不停告诫自己，要继续克制，继续忍耐。亲政后，康熙为了迷惑鳌拜，对他百般抚慰，朝政完全偏向鳌拜，面对鳌拜之时，康熙总是笑容满面。

按理说，皇帝亲政后，辅政大臣就要去掉"辅政"二字。康熙亲政后索尼已经去世，剩下的三个大臣提出归政请求，表示将权力还给康熙。孝庄太皇太后将这个请求驳回，说道："皇帝现在还太小，没

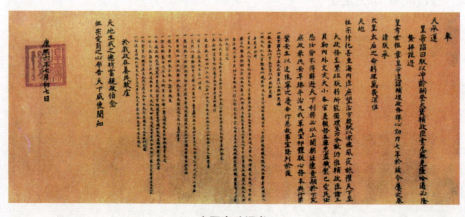
康熙亲政诏书

有处理朝政的经验，很容易办错事，如果没有三位经验丰富的老臣辅助，是要出乱子的，所以你们不要怕辛苦，再教导皇帝两年，到时候看情况再议。"

孝庄这些话再清楚不过了，第一层意思是说给鳌拜听的，免得让他感受到威胁；另外一层意思是说给另两位听的，不是不想将权力收回给皇帝，而是怕鳌拜造反。偏偏苏克萨哈在钻牛角尖，表示不解。苏克萨哈这些年一直在和鳌拜对峙，现在皇帝终于亲政了，让苏克萨哈觉得难熬的日子总算过去了，他想尽快将把这苦差事扔出去，但没想到还要继续做下去。

为了让康熙获得权力，苏克萨哈决定拼命了，他单独给皇帝奏疏："臣这两年自己身体的毛病越来越多，精神也不太好，难以为皇帝效劳了，皇帝现在亲政，又拥有大智慧，完全有能力独自撑起天下来，乞求皇上准许我去为先帝守陵，'如线余生，得以生全'。"

康熙明白苏克萨哈的苦心，知道他为了让自己掌握大权做出的牺牲，但是他同样清楚太皇太后的良苦用心。"不是我不想大权独揽，只是敌人太强大了啊！"康熙心中感慨，但是年轻的他想要尝试一下，万一成功了呢？康熙谨言慎行地将此事进行了进一步讨论，虽然没有暴露内心真实的想法和目的，却给鳌拜坚定了除去苏克萨哈的决心。最终商议的结论是：苏克萨哈心怀不轨，必须逮捕治罪。鳌拜认为，皇帝还小，还需要帮助，你苏克萨哈这时候甩手不干了，就是有异心。苏克萨哈被鳌拜诬以不欲归政，列二十四罪。

面对这样的结果，康熙痛苦地表示反对。据清史记载，当时鳌拜听皇帝这么说，竟然朝堂当着文武百官的面，举起胳膊捋起袖子，指着康熙大吼大叫，足足闹腾了一天！

无奈的康熙能够做到的只是把凌迟处死改成了绞刑，其他所有只能依照鳌拜的意思办。与鳌拜争斗了一生的苏克萨哈最终还是被鳌拜给除掉了。

苏克萨哈死后，辅政大臣就剩下了鳌拜和遏必隆，鳌拜把持了六部以及议政王大臣会议的实权，目中无人。有了苏克萨哈的前车之鉴，朝中大臣都是敢怒而不敢言。

此刻，康熙意识到，必须尽快杀掉鳌拜，不然自己迟早会遭殃。但此时，康熙依然不是鳌拜的对手。

这时康熙16岁，面对霸道的鳌拜，他凭借聪明才智采取了许多制度收拢属于自己的权力。康熙苦苦思考对策，多次以下棋的名义召索尼的三子索额图进宫商议。一个计划逐渐在康熙的脑海中形成。

康熙命索额图请来一群和康熙同龄，身强力壮的少年天天陪着皇上练习布库。布库是满族的一种角力游戏。从此，康熙假装不再认真上朝，就天天指挥少年们玩布库，也不避讳鳌拜。鳌拜很高兴，康熙也很高兴。鳌拜千想万想也想不到这些少年是康熙准备用来对付他的，也没在意。

康熙知道鳌拜的威力。鳌拜膀大腰圆，智勇双全，当年被封为"巴图鲁"，为清朝江山立下赫赫战功。这些年虽然没有战事，但是他平时依然勤加练习，虽然不像年轻时了，但余威尚存。用一群十几

布库

岁的少年擒拿这个莽汉，不能出现任何差错，要一击中的、擒拿鳌拜，康熙进行了周密的思考和计划。

首先，康熙思考要在什么地方动手。鳌拜的势力非常大、爪牙多，在捉拿的过程中一旦秘密泄露，后果将不堪设想。最佳的地方就是在内廷进行，一旦动手，就不能让鳌拜挣脱。康熙最后定下的地点是武英殿。其次，不能让鳌拜事先察觉，因此就不能动用太多人马，只用布库少年才能让鳌拜卸下防备。再次，出手要做到稳、准、狠、快，干净利索，避免横生枝节。

为此，康熙把戏做足，平时就请鳌拜过来，鳌拜高兴的时候还会教这些布库少年几招。时间久了，康熙召见鳌拜，鳌拜即使看到这些布库少年，也没有起疑心。此外，康熙还将鳌拜的党羽以各种理由派出京城，鳌拜也没有任何的怀疑。这下子，都准备好了。

"纵横交织"得感悟

在这看似简单的计划中，倾注了康熙全部的心血和期待，为此，康熙付出了太多忍耐和屈辱，这是一个不成功便成仁的计划，这个计划一旦实施，康熙等于断了自己的所有后路。康熙立这样的计划，就是要下定决心，要么捉住鳌拜，要么自己被俘。

·智擒鳌拜，博大胸怀容天下·

准备动手前，康熙认为，干掉鳌拜一个人不难，但干掉他手下的那些兵马难，更何况鳌拜党羽遍布朝野，大量军队就在京城附近，一有风吹草动，自己就会被包围。康熙八年（1669）五月，康熙陆续将鳌拜的亲信派往各地，将京城的卫戍换为自己的亲信。

接着，康熙将布库少年们聚集起来，问他们："你们是听我的，还是听鳌拜的？"所有人异口同声说道："当然听皇上的！"他们都是少年，在他们心中，皇帝才是他们的主人，鳌拜再厉害也只是臣子，到头来还是要听皇上的。这也是康熙为什么要用这些布库少年的原因，布库少年们受到康熙的优待，得知皇帝终于要实施锄奸计划时，他们没有惧色，只想要为皇上立功。

这部戏终于上演了。康熙下令，招鳌拜进宫商议国家大事。鳌拜也没多想，就直接进宫了，这在平常是很正常的事。鳌拜走到武英殿门口，值班的是康熙的一个贴身侍卫，这个侍卫对鳌拜说："如今皇帝已经长大了，请您稍微尊重下，就不要带刀进去了。"

鳌拜想了想，也就把刀放下了，他觉得带不带刀都一样，反正康熙也打不过他。于是鳌拜就这样进去了，坐在康熙为他精心准备的瘸腿椅子上，身后站了打扮成太监模样的内侍。鳌拜没发觉异样，就直接坐了下去，康熙像往常一样，先温和地聊聊家常，随后便和一个少年递了个眼色，另一个"太监"端着茶走到鳌拜面前，恭恭敬敬地将茶水递给他。鳌拜接过茶碗，猛地被烫了一下，"啪"的一下将茶碗给摔碎了。

鳌拜可不知道，这个茶碗可是康熙预先设计好的，他只觉得有些丢人，下意识地俯下身去捡那个茶碗，就在他俯下身的时候，身体重心发生偏移，瘸了腿的椅子腿"啪"的一下折断，猝不及防的，鳌拜栽倒在地上。

就在这时，前后两个"太监"大喊："鳌中堂摔倒了，快扶！"这是事先商量好的暗号，话音未落，一群布库少年蜂拥而上，甚至鳌拜还没反应过来，就把他摁在地上，捆绑得结结实实，此时的康熙终于感到舒适了，长出了一口气。

被擒的鳌拜用惊恐的眼神望着康熙。鳌拜戎马一生，立功无数，如今，面对 16 岁的康熙，鳌拜从心底里害怕了。他清楚，一个人需要怎样的胸襟才能在仇恨面前保持一贯的容忍和平静，他现在才发现眼前的少年是如此的深藏不露。

康熙亲自审讯鳌拜，并宣布了鳌拜的三十大罪状，问鳌拜："你有何话说？"面对诸多铁证，鳌拜服罪了。他解开上衣，露出自己身上征战多年留下的伤疤，请求皇上念在他为清朝效力多年的分上，放自己一马。康熙平静地说道："免你死刑，终身监禁。"

康熙没有杀鳌拜，而且只是下令严惩了鳌拜的党羽，并没有对其他人下手，对一直与鳌拜走得很近的遏必隆，也只是革了其太师的职位，但又封其为公爵，这令遏必隆十分羞愧。就连鳌拜的亲戚，没有罪行的给予宽大处理，被议政王大臣议定处死的，康熙也都宽大地给其免于死刑。康熙用和平的手段将激流暗涌的形势镇住，转为风平浪静，让人们再一次见识到这位少年帝王的智慧和手段。

随后，康熙开始为被鳌拜诬陷的人平反，其中最重要的四个案件是：费扬古案件、汤若望案件、三位办理互换圈地大臣的案件、苏克萨哈案件。康熙昭告天下，为受冤的大臣恢复名誉，寻找他们的亲人加官晋爵，加以赏赐。

康熙智擒鳌拜，在天下人心中树立起有胆有识、智勇双全的高大形象。他没有胡乱杀人来泄愤，而是迅速地平反冤案，这样一位冷静、睿智的皇帝，让天下臣子和百姓心服口服。康熙在成为伟大帝王的路上，迈出了坚实的第一步。

读而时思之

面对鳌拜，康熙机智、沉着、勇敢，最终将其制服，并将其党羽一并治罪。但康熙没有大肆杀人，而是宽大处理了相关人员。康熙智擒鳌拜，从准备计划，到计划成功，再到事后处理，有哪些做法给你以启迪？

平定三藩

康熙在扳倒鳌拜，亲掌大权后，又要面对一个棘手的问题——"三藩"。镇守云南的平西王吴三桂、镇守广东的平南王尚之信以及镇守福建的靖南王耿精忠兵强马壮、割地为王、发动叛乱，成为清朝的重大隐患。这是清朝建国之初的历史遗留问题，终究要解决。于是康熙决定，长痛不如短痛，下定决心撤藩。

·圈地为王，藩地势力大如国·

扳倒鳌拜集团后，康熙为了国家统一和权力的集中，要解决三件大事："三藩"、河务、漕运，书写成条悬于宫中柱上。其中，"三藩"被他视为治国安邦的头等大事。

"三藩"是指清初朝廷分封的三个藩王：吴三桂、尚可喜（后由其子尚之信承袭）、耿仲明（后分别由其子耿继茂、其孙耿精忠承袭）。

当初皇太极征战天下的时候，明朝将军袁崇焕有个手下叫毛文龙，耿仲明与尚可喜以及另一位部将孔有德都在毛文龙帐下效力。袁崇焕在一次政治阴谋中杀了毛文龙，耿仲明、尚可喜、孔有德觉得前途一片黑暗，就投靠了已经发展起来的清朝。后来吴三桂也投降了清朝，这四人成为清政府中的汉人"四王"。

首先是尚可喜。

尚可喜戎马一生，身经百战，转战数万里，为清朝的建立和巩固立下了汗马功劳。尚可喜一直对清朝非常忠心，病逝后由其子尚之信承袭其位。

尚可喜

其次是耿仲明。

耿仲明早年跟随毛文龙，并与孔有德一起做事。后与孔有德出兵抵御后金，由于粮饷迟迟不到，产生了怨愤，于是孔有德在河北吴桥兵变，随后孔有德率领军队攻打登州，耿仲明成为孔有德的内应。明崇祯年间，耿仲明跟从孔有德渡海来到辽东归降后金，皇太极对二人优待有加，授予他总兵官的职务，并且称呼他的军队为天祐兵。1636年，皇太极称帝，改国号为"清"，封耿仲明为怀顺王，皇太极率兵和明朝作战，以及攻打朝鲜的时候，耿仲明都跟随着他。1644年，耿仲明跟随睿亲王多尔衮率军入关，后来又跟随豫亲王多铎向西进入陕西征讨李自成的残部，不久率军南下平定江南。顺治六年（1649），耿仲明被封为靖南王，并得到金册金印的赏赐。后来因为部署隐匿逃人，畏罪自杀。顺治八年（1651），清政府令他的儿子耿继茂承袭靖南王爵位，镇守福建等地。他的儿子耿精忠被赐予一等子爵，康熙十年（1671），因耿继茂病，长子耿精忠代治藩政。不久后，耿继茂病死，耿精忠承袭为靖南王。

最后一个藩王吴三桂就大有来头了。

崇祯十七年（1644）初，明朝危在旦夕，崇祯诏征天下兵勤王，于三月加封吴

吴三桂

人物档案

吴三桂（1612—1678），字长伯，辽东广宁前屯卫中后所（今辽宁省绥中县）人，祖籍南直隶高邮（今江苏省高邮市）。出身将门，善于骑射。明崇祯年间考中武举，凭借门荫，授都督指挥。屡立战功，累迁宁远团练总兵。崇祯十七年（1644），归降清朝，参加山海关大战，大败李自成，跟随清军入关，受封平西王。此后率部攻城略地，威震一方。顺治十六年（1659），镇守云南，攻入缅甸，擒获南明永历帝并将其处死，晋封亲王。康熙十二年（1673），吴三桂自称"总统天下水陆大元帅""兴明讨虏大将军"，率部反清，开启"三藩之乱"。康熙十七年（1678）在衡州（今湖南省衡阳市）登基称帝，国号大周，年号昭武。同年秋病逝。

陈圆圆

三桂为平西伯，命吴三桂火速领兵入京护驾。然而在吴三桂进军路上，李自成攻入京城，崇祯皇帝自缢身亡，明朝灭亡。吴三桂趁机接受了李自成的招降，率部继续向京城进发。但他得知自己的父亲吴襄被李自成起义军抓捕、爱妾陈圆圆被李自成部将霸占时，他暴跳如雷，怒吼道："大丈夫不能保护一女子，有什么面目见人！"当即挥师向东，占据山海关，举起"复君父之仇"的旗帜，下令三军为崇祯皇帝发丧，广发檄文，号召士庶反对李自成政权。同时，他又写信向清军求助，希望共同进攻李自成。摄政王多尔衮非常高兴，许诺如果吴三桂来归降，"必封以故土，晋为藩王"。四月，吴三桂联合清军在山海关外大败李自成，后长驱直入，占领京城。吴三桂被封为平西王。顺治十六年（1659 年），吴三桂攻下云南后，清政府准许他开藩设府，镇守云南，总管军民事务。

而孔有德在广西桂林被南明将领李定国包围而后自杀，没有发展起来。

清朝入主中原后，主要的敌人都退到了云南、广东、福建等地，这些地方形势比较复杂，清朝政府因而委派这三位藩王去镇守。平西王吴三桂镇守云南、平南王尚可喜镇守广东、靖南王耿继茂镇守福建。康熙元年（1662）年，吴三桂打到了缅甸，俘虏永历皇帝，清朝政府为了奖励吴三桂，晋封吴三桂为平西亲王，将贵州也划给吴三桂负责。

在三藩中，尚可喜忠于朝廷，但其子尚之信横征暴敛，结党营私。三藩在军队编制等方面虽然要上报朝廷，但实际说了算的还是藩王。平西王吴三桂手下的都统吴应期是他的侄子，都统夏国相、胡国柱以及后来留守云南的郭壮图都是他的女婿，另外一些将领则是他在辽西的旧部，吴三桂通过这些亲信控制着属下的军队。三藩拥有并操纵着庞大的军事力量及任其指挥、调动的军权，才得以实现地方割据。

另外，三藩还拥有管理地方的行政权力。康熙二年（1663），吴三桂向朝廷提出，把云贵地区的总督、巡抚的管理权给他，得到准许。康熙五年（1666），吴三桂又提出云贵总督驻贵阳比较合适，也被同意。

吴三桂不但操纵着云贵地方官员的调动和升迁大权，而且还任其调迁别省官员来云贵任职。在顺治十七年（1660），经吴三桂提名，经朝廷允许，从外地调来九名官员到云南充任行政、监察、交通、水利等职。这件事也反映出吴三桂在用人方面具有很大的权力。

吴三桂的做法，已经引起了其他地方官员的警惕。四川御史杨素蕴上奏章说，任命人事是国家的大权，让藩王这样做对国家来说是侮辱，这些藩王应该识大体，藩王未必别有用心，但不得不防。吴三桂得知后立刻上书反驳，朝廷居然怕得罪吴三桂，反而将杨素蕴调往别处任职。由此可见，藩王有着巨大的权力。

不仅如此，吴三桂广散钱财、笼络人心，发展自己的势力，培养了一批部下。在当时，前来上任的新任官员，必须先到王府拜谒，吴三桂都要亲自接见，细问家世履历。才智方面卓著的，都被吴三桂收服，更令人发指的是，这些人必须签订卖身契，要一辈子效忠于他。

吴三桂借着朝廷的恩宠，培植了一大批忠于自己的士子和文武官员，雄踞云贵。耿继茂和尚可喜虽然也有自己的地盘，但和吴三桂相比，都没有如此胆大妄为。

在经济上，三藩更是大肆搜刮。他们霸占关津，私设商税，垄断工贸，放债牟利，拼命敛财，扩大地盘，用以巩固自身的统治基础。

福建盛产渔盐，利润很高，百姓靠此谋生。耿继茂就命令他的部下私自充当盐商，横征盐课，垄断盐利。当铺、牙行、盐商等各个店铺的买卖，都要给藩王上贡财物。藩下所属私市、私税，每年所获银两，不下数百万。三藩在当时可以说是富甲天下。

三藩之中，吴三桂最为嚣张，他在云南以地荒为借口圈地，这时清朝已经不让圈地了，但破例允许吴三桂在云南圈占土地。于是藩下官兵侵占民田、据为己有，使百姓居无定所，离开故土。这就造成了云南大批拥有土地的农民沦为吴三桂部下的佃户。吴三桂还私自铸钱，一方面停铸云南地方用的厘字钱，一方面按康熙钱的式样，铸行汉字制钱。当新制的样钱刚颁发，云南刚刚兴起时，清朝就命令吴三桂停铸。吴三桂立即向清政府提出，云南市场交易只相信这种钱，没有这种钱，非常不方便。于是，他又得到铸钱的权力。此外，吴三桂也遣"其藩下旗员多领资贸易四方"，或贩卖私盐、大发横财。

"利用通宝"铜钱

在军事上，三位藩王养着大量的军队，尚可喜、耿继茂各有八旗兵4500人，绿营兵6000人；吴三桂不断扩充实力后兵力达到了10万人。并且三藩的俸禄和兵饷开支浩大，成了朝廷最为沉重的负担。在顺治末、康熙初，国内的战争主要集中在云贵和闽浙地区，军费开支猛增，尤其以云南最为突出。康熙在儿时就经常听父亲顺治帝说，这三位藩王太能花钱了。在顺治后期，清政府给三藩的钱几乎占了全国税收的一半。

三位藩王用起国家的钱一点也不客气。康熙扳倒鳌拜后，经过一系列的措施整顿，人民的生活水平逐渐提升，给三藩的拨款没那么多了，但是仍然占去全国税收的五分之一。

康熙将国家的重点工作从军事转移到经济发展后，清政府的压力减轻了很多，康熙开始裁减军队，减少开支，将这部分的钱用于经济建设，毕竟军队过多，一旦闲下来，就容易想着做些其他的事。减少军事开支，必然会动三藩的利益，进而引发不良后果。

"纵横交织"得感悟

三藩位尊权重，他们拥有军事、政治、经济方面的种种特权，长期专制一方，逐步形成同中央相对抗的封建割据势力，同时，三藩的倒行逆施，也给社会带来不安定因素。三藩虽然还没正式造反，但他们现下已经具备这个实力了，配备了大量的军队和先进武器，还储备了大量粮草，这反映出他们的野心，一场动乱是不可避免的了。

·将计就计，顺势下达撤藩令·

平南王尚可喜在广东，靖南王耿精忠在福建，而平西王吴三桂坐镇云南，虎视中原。康熙目睹三藩势力越养越肥，鉴于历代都有藩镇势力叛乱的案例，康熙已经开始注意他们。他一直把解决三藩问题当作头等大事，为此绞尽脑汁。康熙五年（1666），清政府决定解除三藩用人题补的权限，云贵、广东、福建文武官吏的升降、调度一概归吏部和兵部两部管理，在财政方面，康熙也开始给予一定的限制。

为了牵制三藩的权力，康熙在亲政以后，委派大吏出任云、贵、广东、广西和福建等地的总督、巡抚。康熙限制藩王的意图很明显，吴三桂则打起了太极，曾借"眼睛出了问题"为借口，要求朝廷解除他云、贵两省的事务。康熙也立即下旨表彰他的功勋业绩，并对他日夜操劳表示了深切的慰问。

康熙一方面安插人手，将部分的行政、军政的权力从三藩手中收归到中央，另一方面又装作信任的样子去笼络他们。康熙七年（1668），康熙将吴三桂的儿子吴应熊提拔为少傅兼太子太傅，另外两位藩王的儿子耿聚忠、尚之隆也被提拔为太子太傅，同时，康熙还派遣吴应熊回云南探视他的父亲。

康熙九年（1670），康熙下诏，命三位藩王在新年之际入京觐见。他准备先礼而后兵，下达撤藩命令。康熙同时召三藩觐见，本意是效法赵匡胤杯酒释兵权，但吴三桂称病不来，康熙的计划落了空。他忍着一肚子的气在乾清门接见了代父行礼的吴应熊，又赏银子又赐药，下诏慰谕"病"了的吴三桂。

三藩为了保全自己，也有意地做出交权的举动。康熙努力地削弱三藩的权力，三藩也在不损害自己根本利益的情况下做出让步，但核心的军事问题没有被真正地触动。康熙看到国内存在着许多不安定的因素，如果不能尽快解决三藩问题，那么国家依然存在隐患。

就在此时，尚可喜上疏，请求回辽东养老。康熙接到尚可喜的奏疏心中大为高兴，立即批复，表彰了尚可喜为清政府立下的汗马功劳，他甚是欣慰，同时，康熙表明广州大势已定，藩下的官兵家口如果做迁移，需要等到协商后才能决定。此外，康熙拒绝了尚可喜之子继承王爵的要求。

康熙不打算掖着藏着了，然而会议的召开并不顺利，撤藩的议题一扔出去，就争论不断。以索额图为代表的一部分大臣坚持用和平的方法来解决三藩问题，毕竟此时国家刚刚安定，需要休养生息，经不起战争。对这种想法，康熙很不认同：第一，三藩可不会等着你亲自上门解决他们；第二，吴三桂这样的势力已经非常强大了，他们会一直臣服于你？还有一小部分人主张打仗，以明珠为代表。两派各执一词，吵得很激烈。

康熙听着大臣的争吵，缓缓地说道："撤也反，不撤也反，不如先发制人！"这些大臣明白了皇帝的心意，康熙又接着说道："长痛不如短痛，把他们一次性解决掉！"这下两派也不吵了，开始研究如何撤藩。

尚可喜请辞养老并非说辞，他确实想回家养老了，早在顺治时期他就表达过这个意愿，但是顺治帝没有同意。只是令他没有想到的是，如今康熙想剥夺他的军权，把整个藩王都撤掉。

事到如今，尚可喜也无可奈何。而这件事，吴三桂的儿子吴应熊早在尚可喜递上退休的奏折时就通知了他父亲，很快，康熙撤藩的决定在朝廷内迅速传开。吴三桂与耿精忠思前想后，先一步上书表示，他们也想退休回家。其实二位藩王在试探康熙，看看是不是真要撤掉他们。令他们没想到的是，康熙这次还真不是开玩笑。

康熙着手部署迁藩事宜，连续向兵部、吏部、户部发出指令，命令他们做好撤藩的善后工作，同时，康熙差遣礼部左侍郎管右侍郎事折尔肯、翰林院学士兼礼部侍郎傅达礼前往云南，户部尚书梁清标前往广东，吏部右侍郎陈一炳前往福建，经办撤藩事宜。

同时康熙诏谕称颂吴三桂一生的功绩和一片忠心，同时表明了他撤藩的思想和政策：自古帝王平天下，四海安定，休息士卒，使封疆重臣颐养天年，平西王年事已高，不能总在荒蛮之地待着，朕给你准备了丰厚的退休金和豪宅，你的王爵也给你保留着世世代代承袭下去，赶紧收拾收拾东西北上，共享君臣之乐。

撤藩令一下，吴三桂顿时瘫软，呆若木鸡，他没料到康熙是认真的。

读而时思之

撤藩令下达后，三位藩王心里会怎么想？康熙心里怎么想？请你体会一下。

·严峻考验，吴三桂起兵造反·

康熙的撤藩令让吴三桂措手不及，在极度悲愤和慌乱中的吴三桂逐渐冷静下来，他发现眼前只有两条路可以走：遵旨，同意撤藩；抗旨，起兵造反。

吴三桂奋斗了大半辈子所赢得的权力、荣誉和财富，一旦交出去，就只能任人宰割，命运也不再把握在自己手中。如今他实力强大，属下兵将都死心塌地地跟随着他，如孙可望、李定国和张献忠等人，如今他的党羽遍布各省，云南十镇大帅、贵州提督李本深、四川总兵吴之茂、陕西提督王辅臣等人都是他的心腹，一旦吴三桂决定起兵，部下绝对响应。

清朝内部，开国功勋老的老、死的死，康熙还是个少年天子，虽然吴三桂之子吴应熊在北京，但是他刚娶了康熙的公主，双方结成亲家。吴三桂越想越觉得自己起兵肯定能获胜。吴三桂周围的核心人物也在想，自己追随吴三桂获得了今天的地位，有了土地、房屋、奴仆，有一大群的妻妾儿女。如今让撤藩，又要回到辽东那个偏僻的地方从头开始，凭什么啊！于是他们纷纷向吴三桂进言，说我们只要举起反清大旗，必然天下震动，到时候把世子吴应熊、世孙吴世霖接回来，就可以与清朝划地谈和。

但吴三桂还是有点含糊。他有个谋士叫方光琛，此人有谋略，平时两人常常论文讲武，评论时事。吴三桂上门去见方光琛，隐晦地表达了谋反的心意，方光琛没说话。第二天，吴三桂再度上门，直接地表达了谋反的意向，方光琛还是不说话。第三天，天还没亮，吴三桂又去拜访他，方光琛还没起床，吴三桂就坐在他的床边，焦虑地询问谋反的事。方光琛见吴三桂反意已决，就起身纵论形势，对天下大势进行评价。吴三桂大为兴奋，拜方光琛为学士中书，专门负责运筹帷幄。

决定了谋反，就要开始行动。吴三桂派亲信扼守云南关口要道，来往车马行人，只能进，不能出，严密封锁消息。明面上，他听命配合撤藩，派人拖住朝廷派来的折尔肯等钦差大臣，表示愿意配合撤藩，但是一再拖延迁移的行期。

吴三桂设宴宴请诸将，吃完酒菜后，吴三桂慢慢起身，仰天长叹，悲愤地说道："老夫与诸位共事多年，现在四海安宁，我们已经没有用武之地了，皇上要将我们迁移到偏远地区，今天设宴与大家叙叙旧情，不知道以后还能不能再见面了！"说完，直接老泪纵横。参与宴席的都是吴三桂的心腹亲信，已经扎根在藩地，他们与吴三桂一荣俱荣、一损俱损。如今康熙下达撤藩令，他们结合此景，无不满腔悲愤，起身向吴三桂道："愿听吴王旨令，约期待变。"

收买人心后，吴三桂开始思考起兵的理由。要举兵反清，那么就高举反清复明的旗帜，这样才能激发出天下汉人的情感，将他们吸引到反对满清政府的阵营中来。这一天，吴三桂与诸位将领换上汉官服饰，聚集在南明皇帝永历的墓前，放声痛哭，大声陈述自己当初的行为是无奈之举，自己没有勤王讨贼的兵力，这才借用清兵之力剿灭李自成，为明朝皇上报仇，而清政府背信弃义，违反盟约，才造成今天的结果。吴三桂哭得趴在地上起不来，三军恸哭，响声震天。

康熙十二年（1673）十一月下旬，吴三桂下令属下兵将在郊外阅兵，军容肃然。吴三桂披甲上马，连发三箭，连中靶心，已过花甲之年的他依然勇武。同时，吴三桂对朝廷委派执行撤藩的人下了手：擒杀云南巡抚朱国治，将钦差大臣折尔肯和萨达礼软禁。

一切准备就绪，吴三桂命官兵蓄发，改换衣帽，用朱国治的头颅祭旗，自称"天下都讨兵马大元帅"，沙场点将，秘密联系同党与旧部，致信耿精忠、尚可喜两藩，策动他们举兵伐清，随后发布了一道讨清檄文，号召天下各方起兵响应。

在檄文中，吴三桂强调清军入主中原背信弃义，将清朝皇帝视作窃国大盗，而自己引清兵入关不过是"拒虎迎狼，抱薪救火"。为了挑动人民的反清情绪，檄文极力夸大描述清朝统治无道，以致天怒人怨，宣称自己反清是为了伐暴救民，是顺应天意的正义之举。

吴三桂起兵后，长驱直入，突袭贵阳，云贵总督文煜得到吴三桂谋反的消息后，一面安排人手向康熙报信，一面组织人手抵抗叛军，但是手下兵将受到吴三桂的策反，不听命令，无奈之下文煜令妻室七人自杀，自己带着十几个骑兵连夜赶赴镇远，镇远守将此时已经归顺了吴三桂，文煜无奈渡河到了吉祥寺，被叛军包围，自缢而亡。吴三桂轻取贵阳，发兵镇远，向湖广挺进。

吴三桂起兵后，举朝震动。这时群臣又发生了激烈的争执。索额图代表多数大臣的意向，建议杀掉当初建议撤藩的大臣，试图用谢罪罢兵的方式谋求同吴三桂和解。康熙立即拒绝此建议，他认为撤藩是他的决策，不能因此怪罪相关大臣。

康熙首先下令停撤平南、靖南二藩，召回派往广州、福州履行撤藩的梁清标、陈一炳。经商议，康熙决定将八旗精锐派往荆州阻截吴三桂的军队渡江，并把荆州作为征剿吴三桂军的大本营和前哨阵地。他任命多罗顺承郡王勒尔锦为宁南大将军，统领多罗贝勒察尼，都统觉罗朱满、觉罗巴尔布，护军统领伊尔度齐、鄂尔泰，前锋统领硕岱等大批满洲八旗将领以及部分汉将前往荆州。为了应付湖广紧张局势和安定该省的人心，康熙令前锋统领硕岱日夜兼程奔赴荆州。随后，由荆州挺进常德，对叛军形成威逼之势。接着，又命都统觉罗巴尔布、护军统领伊尔度齐、鄂尔泰等率领护军骁骑赶赴荆州，同硕岱共同防守。

同时，康熙调动全国各方兵力迅速完成战略部署，防守各个战略要地。

广西邻近贵州，原由孙延龄驻守，他是孔有德的女婿。孔有德战死桂林后，康熙任命孙延龄为镇守广西将军，统辖孔有德旧部，驻军桂林。此刻，康熙特授孙延龄为抚蛮将军，以线国安为都统，命令其统兵固守广西。

四川与云南接壤，因此必须重视。康熙命西安将军瓦尔喀率军连夜疾驰四川，康熙郑重地与瓦尔喀说："你必须坚守从云南到四川的所有关隘，拒敌四川之外，待我军剿灭云南叛军后，伺机而动，形成之势。"随后，又任命都统赫业为安西将军，率兵同将军瓦尔喀等由汉中入蜀，护军统领胡礼布为副将军，与署前锋统领穆占、副都统颜布一同前往。

除了重兵防守四川外，康熙还特别重托陕西总督哈占、提督张勇和王辅臣，要他们严密防守西北边陲。

同时，康熙对江南、江西一带的江防十分重视。当江南、江西总督阿席熙上疏请命，要求调集所属官兵征讨叛军时，康熙命两省官兵不得擅动，严令阿席熙以及镇守的将领整顿兵马，固守扼要之处，加强侦查防范。安庆也是江南上游的战略要地，康熙令江宁将军额楚、镇海将军王之鼎，各自派遣一员副都统领兵千名，由水陆防守安庆，命尼雅翰将军率领精兵 600 名迅速抵达安庆，统领各部。

作为调遣军力应援各方的机动力量，康熙在兖州、太原部署重兵。如果进兵征讨楚、蜀的叛军需要援兵时，从北京调兵人困马乏。兖州与江南、江西、湖广等地较近，太原与陕西、四川等地较近，是最佳的中转站。

康熙还命诸路大军设笔帖式，驰递军情。为了保证各地军事情报能迅速无误地送达京师，随时掌握各个战场的形势，便于提出正确的作战策略和计划，更好地指挥战争，康熙下令兵部于驿递之外，每400 里，设置笔帖式、文书，驿递以每日千里的速度将各地军情呈报给康熙，每日军报都有三四百疏。康熙亲批口谕，指挥各路大军，并且做到了上下畅达，命令无延迟。

康熙考虑到陕甘等地是西北地区的重镇，而驻防在这里的汉将、汉军有些与吴三桂有着密切关系，因此特命陕西总督哈占，提督张勇和王辅臣等，嘱咐他们不要被蛊惑而造反，并拜托他们御敌边境，安抚民心。同时，告诫镇守陕甘等西北边疆的汉军统帅，务必警惕吴三桂的策反。这样进一步巩固以陕西为中心的西北边防，防止吴三桂的策反。

康熙一再发布谕令文告，反复强调对与吴三桂及其反叛势力有牵连的官吏和人决不株连。在吴三桂反叛后，之前那些吴三桂的下属和官员，都没有受到处罚。并且，康熙在削除吴三桂王爵的诏书中指出，只要能够认罪悔过，将既往不咎，不予治罪。对于陷落区的文武官员和老百姓，康熙也一概赦免不究，让其继续过之前的日子。

康熙在吴三桂叛乱不久后，就下诏削除了他的爵位，在向云贵文武官员和军民的宣谕中，历数了清朝对他的特殊恩宠，斥责吴三桂径行反叛，致使生灵涂炭，可谓"理法难容，神人共愤"，把斗争的主要锋芒只对准反叛的罪魁祸首吴三桂和他的死忠。

虽然康熙在短时间内进行部署，但吴三桂兵贵神速，已经逼近沅州，援军未到沅州就已经陷落，镇守沅州的总兵官蔡世禄被擒。长沙巡抚卢震丢弃长沙逃跑，后来被康熙直接处死。

接着吴三桂挺进常德、澧州，清军即举城投降。吴三桂从康熙十二年（1673）年底，到康熙十三年（1674）三月，用了三个月的时间就打下了湖南全境，沿江与清军大本营隔着荆州相望。

吴三桂势如破竹，众多清政府的官员一个个心惊胆战，只要听到什么风声，他们不是选择抗敌而是跑路。虽然康熙恩威并施，但是当军容整齐的吴三桂军兵临城下时，清政府允诺的援兵还没有到，在这种情况下，守城将领将所有部属和城池一股脑儿地都献给了吴三桂军。有了长沙的先例，其他地区的将领开始纷纷效仿，背叛清政府，投靠吴三桂。这就是吴三桂能迅速占领湖南全境的原因。

康熙被逼入了绝境，如果按照这个趋势发展下去，大清怕是又要回到东北老家了！然而，康熙的决心没有动摇。

当吴三桂军接连胜利时，湖北的一些将领也纷纷起兵。康熙十三年（1674），襄阳总兵杨来嘉与郧阳副将洪福一起密谋起兵造反。康熙获悉后，认为郧阳山谷很多，杨来嘉如果真的造反，就很有可能和吴三桂军进攻这个地方，因此往此地增兵。果然杨来嘉、洪福起兵后，洪福就带兵攻打郧阳，然而郧阳早有准备，打了二十多天也攻不下来，洪福害怕了，带兵去找吴三桂军。后来康熙没有让他们逃脱，剿灭了这支叛军。

康熙担心的不仅仅是湖南，还有四川。然而没等他派去的兵将抵达四川，就传来四川提督郑蛟麟与川北总兵官谭弘合谋叛变的消息，康熙忍着怒火，还是用心平气和的语气劝他们悔悟，并表示只要他们悔悟，就既往不咎。但是很遗憾，二人还是反叛于吴三桂了。同时反叛的还有四川巡抚罗森、总兵吴之茂。此时康熙派出的大军还没有到达，四川已经被吴三桂控制了。

"纵横交织"得感悟

　　吴三桂的猝然反叛的确令康熙措手不及，但这并没有动摇康熙铲除三藩割据势力的决心，他面对朝廷诸位大臣要求诛戮建议撤藩的大臣的偏激情绪及大臣们震慑于吴三桂气势汹汹的军事势力而心生恐惧的心态时，镇定自若，冷静思考，既保护了坚持撤藩这一正确主张的少数大臣，又集思广益，从容地做出军事、政治等方面一系列正确的决策，展现出这位年轻帝王的清醒、坚定、果断和胆略。可此时此刻，吴三桂来势汹汹，湖南、四川等地已经失守，康熙还要做很多事情。

·内外交困，京畿地出现动荡·

有吴三桂军的地方，就有清廷官员的大片倒戈，就有清军的逃亡和溃败。在后方没有吴三桂军的地方，康熙也看到了他不想看到的一幕：京城的百姓也开始躁动不安，出现越来越多的暴动。

康熙注意到一个叫杨起隆的人。康熙十二年（1673），此人自称"朱三太子"，然后秘密串通反清复明的人，迅速集结了大量人手，最后杨起隆决定在北方呼应吴三桂起兵，只是他没想到自己已经被皇帝盯上，最后连"老窝"一起被康熙端掉。

除掉杨起隆后，康熙又得到消息，河北总兵蔡禄有谋反之心。康熙十三年（1674），蔡禄制作了很多鸟枪，买了不少骡马，并大张旗鼓地训练士兵，对外称自己带兵捕鱼，闹出了很大的动静，然而他真正的目的是叛乱。河北与京城相邻，如果有失，那京城就会处于危机之中。康熙临危不乱，将计就计，派大臣阿密达带着大军去河北。阿密达到了以后，蔡禄没有出门迎接，阿密达则直接奔到蔡禄办公的地方，迎接阿密达的是大量的弓箭和火炮。阿密达是有备而来，直接将蔡禄一家擒获，押解到京城处决。蔡禄的叛乱也很快被扼杀在摇篮里。从这件事完结以后，北京地区再也没有发生过叛乱的事情，大后方得到了安宁。

短短四个多月，京城接连发生兵变，康熙已经注意到了。此时，吴三桂之子吴应熊还被拘禁在京城，这终究是一个隐患。因此，朝中大臣纷纷请求处死吴应熊，以绝后患。但康熙有些于心不忍，因为吴应熊娶了他的妹妹，康熙得喊他一声妹夫！从亲情上讲，康熙不想处死吴应熊，但是从国家大局出发，他又必须考虑清除后患，经过再三思考，康熙同意处死吴应熊，同时还毁掉了吴三桂在关外的祖坟。

当吴应熊的死讯传到云南时，吴三桂正在喝酒，得到消息后他大惊失色，双手颤抖，杯子也被他抖落到地上。吴三桂体会到了丧子之痛，叹息道："今日真是骑虎啊！"他眼神迷离，思绪万千，失望、伤心、愤恨……如今他意识到，康熙已经和他恩断义绝，要做的只能是殊死搏斗。

虽然康熙除掉吴应熊，给了吴三桂以颜色，但形势依然不容乐观。康熙十四年（1675）三月，清朝的外藩蒙古察哈尔旗布尔尼亲王趁清朝局势不稳，兴兵作乱。

布尔尼是蒙古林丹汗的孙子，林丹汗在皇太极时归顺清朝。林丹汗去世后，其子阿布奈被清朝封为和硕亲王，并迎娶清朝公主。后来，阿布奈在对外藩朝贺时失礼，被免除亲王爵位，并迁入京城，阿布奈的儿子布尔尼承袭爵位。布尔尼对朝廷的做法十分不满，因此心生反意。

吴三桂起兵叛乱后，布尔尼趁康熙把兵力集中在南方、北方空虚之际，想要乘虚而入。康熙得到消息后感到京城兵力空虚，无法用武力镇压，只得安抚。因此，康熙派侍卫召见布尔尼兄弟等人进京朝见。布尔尼心生怀疑，不仅没有进京，还扣留了康熙的使臣，同时煽动蒙古各部造反。布尔尼与奈曼王札木山共同举兵，挥师向张家口进发。

察哈尔之乱严重影响着京城的安危，康熙深感忧虑。此时所有兵力都集结在南方对抗三藩了，他无计可施。此时点拨康熙的，又是他的祖母孝庄太皇太后。关键时刻，孝庄向康熙举荐了图海。

于是，康熙立刻委派多罗信郡王鄂札为抚远大将军，图海为副将，率军征讨布尔尼。因为京城没有兵了，图海就把八旗的家奴集结起来，这一支毫无经验的家奴部队被委以重任。

图海率部飞速赶往前线，为了激励部下斗志，图海甚至允许部下沿途抢掠，抢来的财物全归个人所有。他说，察哈尔是元朝大汗的后代，珠玉珍宝不计其数，你们若能取得，可富贵终身。家奴兵们听完精神百倍，行军速度加快了不少，全军斗志高昂。

四月二十二日，图海率军和布尔尼在达禄决战。布尔尼在山谷间布置军队，严阵以待。鄂札和图海率兵分头并进，冒着炮火迎击，打乱了布尔尼军队的阵脚。战斗中，布尔尼的部下晋津在阵前倒戈，布尔尼溃败下来。此外，科尔沁和硕额驸沙律也率兵增援，不久，布尔尼及其弟弟罗卜藏全部被杀，首级被献给朝廷。

不到一个月，察哈尔之乱被平，康熙得以全心全力地面对三藩。

读而时思之

"三藩之乱"还没除，京城附近又接二连三地出现动乱，要是其他皇帝，恐怕早就焦头烂额、不知所措了。在这里，你是否为康熙的坚定所感动？你认为他体现了哪些优秀帝王应该具备的素质？

·接二连三，逆贼寇先后反叛·

察哈尔之乱平息了，但康熙的日子并不好过。当初，吴三桂在云贵起兵谋反，康熙立刻就意识到和云贵接壤的广西非常重要，于是康熙任命孔有德的女婿孙延龄为抚蛮将军，命他阻止叛军北上。孙延龄对康熙的重用和信任也大表忠心，称决不辜负皇上的重托。

康熙十三年（1674）二月二十一日，康熙特意下诏，说"保护粤西，全靠诸位了"。然而令康熙惊讶不已的是，没过几天孙延龄就反了。孙延龄反叛的理由是个人恩怨。当初有个叫王永年的人向朝廷告发他的罪责，孙延龄因此事对王永年耿耿于怀。现在，康熙重用了他，却也重用了王永年，这让他心里面很不舒服。就在这个时候，孙延龄收到吴三桂的来信，邀请他起兵一起对抗清廷。孙延龄看到这封信后，既没有想背叛朝廷的后果，也没有想跟着吴三桂的后果是什么，就为了图个痛快，反叛清廷了。康熙得知此事后，异常震怒，立刻夺了孙延龄的将军职衔。

一波未平，一波又起，另一位藩王耿精忠在福建宣布叛变，这对于康熙来说无异于晴天霹雳。耿精忠迎娶了肃亲王豪格的女儿，算是清朝的外戚。康熙宣布撤藩时，耿精忠勉强答应，其实他内心根本不想离开福建，他刚承袭藩王两年而已。这时，吴三桂请他反叛清廷，他立刻动心了。康熙十三年（1674）三月十五日，耿精忠在福州囚禁了福建总督范承谟，正式举兵反叛。他还效仿吴三桂，自称"总统兵马大将军"，铸钱"裕民通宝"，给自己的部将加授职位。

耿精忠的叛变令康熙备受打击，不过也令他愈加冷静。康熙先是诏告天下，痛斥耿精忠忘恩负义的同时，指出会将这些叛将和他们的手下将士区别对待，也将诸将主动当叛徒和被胁迫当叛徒的区别对待。另外，康熙还做了大量工作，争取将一部分叛将从敌人阵营中再争取回来，并承诺既往不咎。然而耿精忠根本不领情，竟然将康熙派往福建的使者扣留，并派兵攻打浙江、江西；一方面又联系吴三桂，准备联合作战；另一方面派使者前往台湾，约镇守台湾的郑经进攻大陆；还煽动潮州总兵官刘进忠反叛，以扰乱尚可喜的阵脚。

事到如今，吴三桂、耿精忠、孙延龄都反了，只有尚可喜没有反。在清朝面对无数困难、无数背叛的时候，尚可喜始终保持着忠

◦❖◦ 人物档案 ◦❖◦

耿精忠（？—1682），辽东盖州卫（今辽宁省营口市盖州市）人，靖南王，耿继茂长子。康熙十二年（1673），清廷下诏撤"三藩"，举兵造反，自称"总统兵马大将军"，蓄发恢复衣冠，与吴三桂合兵入江西，被清军镇压后投降。康熙二十一年（1682）正月，"三藩之乱"彻底平息，被康熙帝下诏凌迟处死。

心。当初撤藩令一下，尚可喜没有任何不满，收拾行李，就准备搬迁。因吴三桂谋反他才又安稳下来，站在了吴三桂的对立面。吴三桂很需要尚可喜，而且康熙本来以为凭着吴尚两家的交情，还有两家的共同利益，尚可喜会很容易就和吴三桂绑在一起。但尚可喜竟然不为所动，这让康熙大为感动，在一批批官员的背叛面前，尚可喜竟然还站在自己身边。

潮州总兵刘进忠归降耿精忠，尚可喜命次子尚之孝率兵讨伐，同时他还向清朝政府推荐尚之孝继袭己职，康熙同意让尚之孝承袭平南王。康熙十四年（1675）正月，康熙又封尚可喜为平南亲王，封尚之孝为平南大将军，尚之信为平寇将军。

吴三桂的广西军和高州的叛军祖泽清勾结，连续攻陷广东的雷州、德庆、开建和电白等地，迅速进逼肇庆，在击败了尚之孝的部队后，乘势向惠州挺进。继而，广西军下东莞，进入南海，清水师副将赵天元、总兵孙楷陆续叛降，尚可喜接连向清廷告急。康熙催促简亲王喇布由江西进兵援助广东，但江西通向广东的道路已被耿、吴联军截断，清兵进不了广东。此时广东形势危急，而尚可喜年事已高，卧床不起，不得不让尚之信代理军事。

可是尚之信不是什么省油的灯。他一直对他的父亲、兄弟怀着一肚子的怨愤。作为长子，他理应继承父亲的爵位，但尚可喜的重要心腹金光，却常常以尚之信平时的为人为由，阻止他袭封。尚可喜接受了金光的告诫，奏请康熙，自己的职位由次子尚之孝接替。为此康熙先后下诏将平南王、亲王的爵位让给尚之孝袭封，并加封尚之孝为平南大将军，而尚之信仅仅得了个平寇将军衔。对此，尚之信愤愤不平，他对金光更是恨之入骨。在两粤东西交讧、一筹莫展的危急形势下，吴三桂又千方百计收买尚之信，许诺事成之后，封尚之信为王，世守广东。

心怀怨恨的尚之信于康熙十五年（1676）二月二十一日发动兵变，接管平南王职权，杀了金光，报了私仇，并接受了吴三桂"招讨大将军"的印。两广总督金光祖、巡抚佟养钜、陈洪明等人也跟着投降了吴三桂，随后，尚之信派兵看守王府府第，封锁了消息。

尚可喜闻讯，顿时愧恨交加，无地自容。他从吴三桂、耿精忠变乱以来，忠于清朝政府，积极防御，可是尚之信这个不孝子竟然趁他重病卧床的时候，利用嫡长子的特殊地位，引导藩下走上叛逆的道路，令自己身败名裂。痛心疾首的尚可喜希望杀身成仁，但自杀时恰恰被属下发现，被救了过来，自此，尚可喜病势日重。

临终前，尚可喜看着守护在他身旁的几个儿子说："我受朝廷厚恩，形势如此，不能杀贼，死有余辜！"他示意众子给他穿上皇上所赐冠服，扶着他向北方叩头毕，又交代众子说："我死后，必须安葬在海城，魂魄有知，仍然侍奉先帝。"说完后，尚可喜去世。直到康熙十六年（1677）六月，康熙才知道尚可喜去世了，他非常悲痛，指示给予厚恤。

之后，尚之信掌握了藩府的兵权，罢了尚之孝的兵权。吴三桂封尚之信为辅德亲王，同时尚之信又同台湾郑经议和，减轻了沿海的军事压力。他采取坐山观虎斗的策略，力图保存自己的实力，名义上尚之信已投降吴三桂，实际上他坚持不让吴三桂的军队进入广州，也不听吴三桂的调动。当清廷从江西调兵遣将，对长沙加强攻势时，吴三桂屡次催促尚之信率领军队突袭赣南，

人物档案

尚之信（1636—1680），字德符，号白。尚可喜长子。少时入侍。康熙十年（1671）赴广东随父佐理军事，赐公爵，后加封镇南王。康熙十五年（1676），在广州危急之下发兵围困其父府邸，投降吴三桂叛军。不久又悔罪自归，袭封平南亲王，镇守广东。康熙十七年（1678），诏命出兵往救宜章、郴州、永兴，皆托词不赴。据守广东，对清廷和吴三桂均持观望态势。又因其残暴跋扈，出言不逊，康熙十九年（1680），被下旨逮问，缚送北京，随即被赐死。

牵制清军主力，然而尚之信按兵不动，但又怕得罪吴三桂，最后，尚之信不得不给吴三桂大把的金钱来摆平此事。

尚之信起兵后，江南陷入一片战乱之中，云南、贵州、四川、广西、湖南、广东、福建七个省份都落入了叛军之手，台湾的郑经也不时引起骚乱。康熙此刻十分恼怒，但他没有惊慌失措，对局势再进行分析：现在广东动乱，江西最令人担忧。如果福建、广东的叛军侵犯，那么江南势单力薄，所以康熙决定把防御重点放在江西，命令哈尔哈齐和额楚迅速占领江西吉安，与舒恕等人联合抵御福建、广东的叛军。

读而时思之

至此，叛乱的战火燃遍全国，云、贵、川、湘、桂、粤、闽全部落入叛军之手。三藩势力连成一片，就连台湾的郑经也虎视眈眈。你认为康熙面对这个局面，首先要做的是什么？

·无独有偶，王辅臣先叛再降·

面对接二连三的叛变，康熙已经能接受这样的现实了。但是有一个人的叛变，却又在康熙的心头上捅了一刀，这就是王辅臣。

早年间，平西王吴三桂极力笼络著名武将，王辅臣当然在他的视野之中，吴三桂请示了顺治帝后，授给王辅臣援剿右镇总兵官，命他前往云南。就这样，王辅臣和吴三桂称兄道弟。后来，二人因为流言蜚语产生误会，王辅臣对吴三桂心生间隙，便调离了云南，前往平凉担任提督。吴三桂得到消息后十分惋惜，临别还送了很多的银子给王辅臣作为路费。可见，二人虽然有误会，但彼此关系还是很亲密的。

康熙帝一向欣赏人才，赏识王辅臣和张勇的智勇双全，所以对他们俩委以重任。康熙九年（1670），王辅臣去平凉上任之前，到朝廷觐见皇上，康熙诚恳地和他说，自己很想把他留在朝廷，但平凉重地非他不可。临行前，康熙又赐给王辅臣一支蟠龙豹尾枪，并对王辅臣说，"这枪共有两把，是先帝留给朕的，送给你其中一把，让你带着它去镇守平凉，你看到枪就如同看到了朕，朕看到留下的这支枪也如同看到了你"。王辅臣感动地跪地流涕，表示一定会竭尽全力报答圣上的恩典。

结果吴三桂起兵叛乱不久，就派人联系王辅臣和张勇，想拉拢他俩一起作乱。王辅臣左右为难，一方面他原来跟随吴三桂，两人是旧交；另一方面，皇上对他恩重如山。结果，王辅臣这次选择效忠于朝廷，他扣留了吴三桂派来的使者，将使者、吴三桂的信、吴三桂给王、张二人的任命书一同押送到朝廷。康熙得知后大喜，将使者处死，并给王辅臣授予职位。

康熙十三年（1674），康熙委派刑部尚书莫洛驻扎西安府，负责指挥西北的边防。此外，康熙批示陕西总督哈占以及张勇、王辅臣等人加强西北边疆的防卫，密切注意吴三桂的动向。

莫洛是朝廷空降来的，凌驾于他人之上，这让王辅臣非常不满。此外，莫洛对王辅臣不以为然，这又让王辅臣心生恨意。

这一年八月，王辅臣求莫洛给自己添加兵马，莫洛不应。终于，

人物档案

王辅臣（？—1681），本姓李，号"西路马鹞子"，山西大同人。早年参加农民军，喜欢赌博，一掷千金。投靠大同镇总兵官姜瓖，成为大同部将王进朝的义子，改为王姓。跟随姜瓖起兵反清，兵败投降英亲王阿济格，免于刑诛，没入辛者库为奴隶。后得到顺治帝重用，授一等侍卫，经大学士洪承畴保举，官至总兵官，受到平西王吴三桂极力笼络，跟随攻入缅甸，擒获南明永历帝朱由榔。康熙即位后，调为陕西提督，镇守平凉。康熙十二年（1673），"三藩之乱"时，首鼠两端，为大将军图海和周昌所破，再次归顺清朝，授平凉提督、太子太保。康熙二十年（1681），畏罪自尽。

莫洛连续的打压引起了内讧，王辅臣找机会杀了莫洛，举兵响应吴三桂的造反。

莫洛被杀，王辅臣叛变，为了西北的安定，康熙不得不把目光瞄向陕西。

康熙急忙召见王辅臣在京的儿子王继贞，说："你父亲反了！"王继贞顿时傻了，呆呆地说："臣一点都不知道！"康熙把王辅臣叛敌的奏报给他看，王继贞瞬间神色大变。康熙安慰他说："你不要怕，我知道你父亲一定是被逼的，估计是莫洛不善于调解，才惹怒了众人，让军队叛变威胁你父亲。现在你赶紧去找你父亲，然后告诉他朕不怪他，让他想办法稳住他的手下！"

放走王辅臣的儿子后，康熙又给王辅臣写了一封十分感人的信，信中语句温和，没有一句责备、威胁的话。康熙知道攻心为上的道理，这个时候追究他造反的罪也没有意义了，只希望王辅臣能够回心转意。

王辅臣接到皇上的信后内心非常不安，他想到康熙对自己的厚爱，感到十分愧疚，遂率领人马向北跪下，痛哭不止，表示愿意同吴三桂决裂。但是吴三桂也没闲着，通过职位和金钱的诱惑极力拉拢他。

王辅臣仔细权衡后，还是担心康熙会因自己杀掉莫洛而秋后算账，便在得到吴三桂援助后继续发兵。康熙命令张勇、王进宝等率兵围剿，王辅臣固守，清军局面占优。康熙十四年（1675）七月，康熙再度向王辅臣表明，如今我们已经把你包围了，两军交战，百姓多遭杀戮，朕不忍心，希望你能改过自新，朕对你的罪行一概赦免。王辅臣回奏康熙，也表达了想回归的心意，但又担心朝廷日后变卦，所以还是不敢归降。

王辅臣一直在平凉坚守，既不南下与吴三桂会合，也不与四川王屏藩联手。而吴三桂得知清军围攻平凉后非常着急，命令四川派人增援。王屏藩率军进犯秦州，吴之茂率军出四川。吴三桂还从云贵派了少数民族军士到平凉给王辅臣助阵。双方相持数月，没有变化。康熙当机立断，马上委任都统、大学士图海前往平凉。

康熙十五年（1676）二月，图海率领数千余人的军队前往平凉。此时围困平凉的各路军队加起来已超过10万人，诸将纷纷请求图海攻城，但图海有不同意见。图海贯彻康熙的招降政策，采取围而不攻的战术，逐渐占据主动。图海认为，王辅臣骁勇善战，如果对他玩硬的，结果只有两败俱伤。

平凉城北有一座山叫虎山墩，此为通往西北饷道的"咽喉"。图海率部猛攻虎山墩，断绝了王辅臣部的粮饷通道。清兵向城内猛烈炮轰，叛军一片恐慌。时机到了，图海派幕僚周培公进城劝降。

于是周培公奉命进城，冒着风险前往。他与王辅臣手下的黄九畴、龚荣遇是老乡，此二人也多次劝王辅臣投降，于是周培公先联络了他俩。此时平凉城已经断了粮饷，但王辅臣还想顽抗，最终他抵不过黄、龚二人的多次劝谏，终于派一名副将跟随周培公出城，向图海表示投降。图海把消息启奏皇上，康熙大喜过望，对王辅臣采取宽大处理，许诺将他官复原职，升为靖寇将军，命令他戴罪立功，其他官员也都升了一级。王辅臣部全都感激涕零，从此不再反抗。

王辅臣投降，其他叛军也随风而动。康熙十七年（1678）闰三月，吴三桂的水师将领林兴珠在湘潭率部投降。吴三桂非常生气，杀了他的儿子。林兴珠发誓报仇，向康熙献夺取岳州之计。康熙采纳了他的计策，令他在安亲王岳乐帐下效力。

王辅臣投降后，之前前来增援的吴之茂和王屏藩也逃跑了。张勇、王进宝等人率清军追上去，连战连捷，收复失地。到了八月初，陕西大部分地区都被大清收复。至此，康熙终于平定了陕西的动乱。

读而时思之

王辅臣可谓风云人物，他是个有本事的将领，但却背叛了朝廷，之后又重新归顺。你对他怎么看？你觉得他是一个忠臣还是奸臣？

·逐个击破，耿军与尚军被平·

王辅臣的归附提升了清军的士气。虽然叛军还在南方占领着大量的土地，但心气上清军已经占据上风。

吴三桂因为儿子被诛而止步不前，也失去了有利的时机。康熙将兵力重点部署在长江中下游一带，以荆州为中心，各路齐发，抢占了江北要塞。

吴三桂采取的策略是派两路大军，一路从四川出发直奔陕西，一路从长沙东进江西，再派重兵防守湖南，抵抗清军。他部署大军驻守醴陵、长沙、萍乡等地，又派遣侄子吴应期坚守岳州。岳州是湖南的命脉，位于洞庭湖畔，是长江中下游的水陆要冲，是吴三桂立足湖南的根源。因此，他才委派嫡系将领吴应期把守。吴应期在岳州修筑坚固的防御工事，又在附近多地派重兵，不敢怠慢。

耿精忠叛乱后，吴三桂派女婿夏国相进兵江西，先后攻克袁州、萍乡、安福、上高、新昌等地，希望打通与福建的联系，呼应耿精忠。康熙眼看丢了多个城池，急忙派安亲王岳乐为定远大将军，负责江西的战事。

岳乐是努尔哈赤的孙子，有勇有谋，率军抵达南昌后就攻克了安福、都昌、上高等地，捷报频传。康熙很高兴，命他乘胜追击，进攻湖南。但是岳乐认为湖南是广东的咽喉，是江南的要冲，现在有30多座城池都在叛军手上，而萍乡又被吴三桂坚守，应该先给江西彻底平定，再解决湖南。康熙同意这样的观点。进而，岳乐收复广信、饶州、乐平等地，分兵抵抗从福建进入江西的耿精忠军队。不久，岳乐进攻萍乡，夏国相顽抗，双方进入均势。

直到康熙十五年（1676），岳乐终于攻克萍乡。此时清军把目光瞄准了长沙，同时还希望顺带着收复岳州。三月初一，岳乐进攻长沙。长沙是吴三桂的腹地，他率军从松滋增援，这一仗十分惨烈，吴三桂获胜，但部将吴应贵重伤而亡。

在岳乐攻打长沙时，大将军尚善于三月初九率水陆大军进攻岳州。这一路还算顺利，因为吴三桂把兵力都集结到长沙去了。但是，清军进军缓慢，给了对方喘息时间。后来，吴三桂率兵增援，清军在岳州无功而返。从此，双方进入相持局面。

另一方面，清军还要在福建对抗耿精忠。耿精忠占领整个福建，命令曾养性进攻浙江，白显忠进攻江西，马九玉进攻浙江金华、衢州。针对这个局面，康熙委派康亲王杰书、贝子傅喇塔会同贝子赖塔、西尔根共同征讨。清军连战连捷，很快攻克了曾养性和马九玉的两路大军。这时，台湾的郑经也来凑热闹，从耿精忠的背后偷袭，企图抢占福建。耿精忠大怒，当初拉拢郑经是为了反清，没想到他还来搞偷袭！曾经的"盟友"现在反目成仇。

康熙十三年（1674）八月，郑经派人张贴檄文，指责耿精忠狂妄自大，称赞吴三桂，相当于公开与耿精忠结仇了。不久，双方展开火拼，而耿精忠居然屡战屡败，派人向清廷求和。康熙的态度是安抚郑经，剿灭耿精忠。康熙十五年（1676）三月，吴三桂约郑经、耿精忠进兵江南，不料郑经却挥师攻打耿精忠，攻克汀州和兴化，不少耿的将领都归顺了郑经。此时耿精忠失去大片土地，士气低落，缺乏粮饷，军士纷纷逃亡，只得返回。

康熙很快意识到耿精忠气数已尽了，于是命令杰书迅速攻打福建。在清军的压迫下，耿精忠部下白显忠率部投降。康熙见了，直接命令杰书前去招降。耿精忠收到劝降书后仍然举棋不定，于是杰书迅速派兵进攻。耿精忠只得投降。他担心被他欺压的福建总督范承谟在皇上面前揭露他的罪状，于是派人逼迫范承谟自尽，还杀了范承谟的幕僚、亲属，之后才派儿子请降。十月初四，清军进入福建，耿精忠投降。

唇亡齿寒，耿精忠投降了，郑经也到了穷途末路。清军乘胜追击，郑经军队一路溃败。康熙十六年（1677），清军收复兴化，郑经军被逐到厦门，返回老家。各地叛军先后投降，福建、浙江、江西陆续平定。

东南平定了，而两广地区依然处在战乱之中。广西孙延龄虽然也造反了，但是他起兵后就有些后悔了，对吴三桂也是阳奉阴违，不听吴三桂的命令。加上身边人的劝谏，他决心再次归顺清廷。

吴三桂本来就对孙延龄不满，得知孙延龄想要归顺朝廷，便打算派人杀了他。吴世琮受到委派，前往桂林，用计谋除掉了孙延龄。就这样，广西还在吴三桂的控制之中。

此外，同样背叛朝廷的尚之信，嘴上说要联合吴三桂，却一直没有实质性行动。面对吴三桂的询问，他依然纹丝不动，只拿出了10万两库金来打发对方。耿精忠投降后，康熙令杰书征讨广东。眼看这个局势，尚之信觉得自己跟吴三桂上一条船根本没法捞到好处，于是为了"争取主动"，他在康熙十五年（1676）十二月派人带着密信去

人物档案

爱新觉罗·杰书（1645—1697），满洲正红旗人，清太祖努尔哈赤曾孙、礼烈亲王代善之孙、惠顺亲王祜塞第三子。顺治六年（1649），袭封多罗郡王。顺治八年（1651），封号为康。顺治十六年（1659），降爵为贝勒，后改封康亲王。"三藩之乱"起，拜正白旗都统，授征南大将军。康熙十三年（1674），率军前往浙江，围剿耿精忠。康熙十五年（1676），平定浙江，直捣福州，平定耿精忠叛乱。康熙三十六年（1697）去世，谥号为良。

康熙传

第三章　平定三藩

053

和硕简亲王喇布军营投降。康熙得到消息后，立刻对其予以招抚。康熙十六年（1677）五月，尚之信归降，东南部大部分领土被清朝收复。

至此，三藩之二的耿精忠和尚之信被平定，就差吴三桂了。

"纵横交织"得感悟

经过近三年的相持，清军终于收复了耿精忠和尚之信，在军事上取得了主动。吴三桂虽然还很强大，但已受到清军的压制，有四面楚歌之势。"三藩之乱"持续数年，现在局势已经发生了扭转。现在三藩中只剩下吴三桂了，他依然控制着湖南、广西、四川、云南、贵州五省，但已经是孤掌难鸣。

·决战桂湘，吴三桂宣布称帝·

广东尚之信投降后，吴三桂的后路就快被切断了。康熙十六年（1677）七月五日，吴三桂派马宝、胡国柱攻打韶州，以控制湖南和广东的咽喉。康熙意识到韶州的重要性，命令镇南将军莽依图和尚之信增援，要求力保韶州。莽依图遵旨，立刻奔赴韶州，加强防御，抵挡了马宝、胡国柱的进攻，而尚之信没有执行。九月，莽依图率军奋勇出击，击破吴军，收复仁化等县，保住了韶州。随即，康熙命令莽依图、尚之信会同广西巡抚傅弘烈攻打广西，想要断了吴三桂的后路。

攻打广西，康熙的战略是快速夺取梧州，夺取广西，之后或进湖南，或打贵州。此时孙延龄已死，吴三桂只得从湖南调兵，马宝率军进犯广西。康熙则命令江宁将军额楚、都统勒贝以及尚之信进取湘桂交界的宜章、郴州、永州，从后方攻击。

　　另一方面，莽依图和傅弘烈也在广西进攻。十二月底，他们分别从梧州等地出发，在平乐与吴军展开激烈的交锋。结果吴三桂这次真的是急眼了，他率部在广西拼命冲杀，双方互有胜负，形成僵持局面。清军只占据了梧州。

　　清军打不下平乐，广东高州等地又有人反叛了朝廷。面对此情形，吴三桂还不忘实现自己的野心。康熙十七年（1678）七月，吴三桂正式在衡州称帝，定国号为大周，改元昭武，封妻子张氏为皇后，大封百官。吴三桂起兵五年了，他终于圆了皇帝梦。但这对广西的局势没有多大影响，两军依然在焦灼地厮杀。

　　这时，吴世琮率军追击清军，逼近梧州。康熙十八年（1679）正月，傅弘烈、莽依

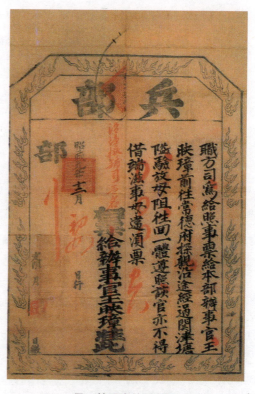

吴三桂颁发的兵部票

图会同尚之信三军联合夹击吴世琮，大败叛军，乘胜追击，攻入桂林。后来在南宁两军展开最后的厮杀，叛军被彻底击溃，清朝收复了广西。

　　湖南一直是清朝与吴三桂争夺的主要战场。清军攻打湖南的思路是南北夹击：北边战场为长沙、岳州；南边则从广东、江西进兵，攻打衡州。

　　之前清军在长沙、岳州败给了吴军，这次康熙做了更加充分的准备。朝廷建造了更多精良的船只，集结了战马，铸造了红衣大炮，全部调去攻打长沙、岳州的清军。

同时，康熙调兵遣将，令陕西都统穆占率军驰援湖南。此后继续增兵，使清军和吴军在长沙的数量大致相当。双方剑拔弩张，随时可能爆发大战。

就在此时，吴三桂想了一个办法，他派兵攻取醴陵，企图切断岳乐的后路。同时早在 1676 年，吴三桂就派军夺取了吉安。吉安也有着重要的战略意义，康熙下令必须夺回此地。吴三桂任命韩大任来坚守吉安。清军想要拔掉吉安这个据点，简亲王喇布和江西总督董卫国率军十万围攻吉安。长期围困下，吴军断了粮饷。被困二百多天后，韩大任于康熙十六年（1677）三月二十一日夜晚偷偷溜出城门，率残军拼死出逃，经宁都、乐安等地，处处遭围堵，异常狼狈。

面对这样的韩大任，清军一面追击，一面又安抚。韩大任无处可走，在第二年正月又被清军击败。韩大任遂决定率军向杰书投降。康熙十分宽仁，赦免了韩大任，清军招降其部众四万六千多人。就这样，吴三桂的牵制计划以失败告终。

此后，康熙又将穆占从长沙调往江西乐昌，命他率部从江西进攻湖南南部。穆占率军攻向茶陵。茶陵距离衡州很近。十一月十四日，穆占占领茶陵。吴军望风而逃，到了康熙十七年（1678）三月，清军收复了十多座县城，占领了湖南的东南部，并在此驻军。

吴三桂收到消息后非常恼怒，遂派马宝、王绪等人反攻永兴。这一仗吴军打得很有章法，他们设下埋伏，清军的人马中计跌落谷底，吴军猛烈攻击，取得大胜。但不久，吴三桂内部出现一件大事，吴军又撤回衡州。

双方的争夺更加白热化。就在双方对峙于湖南南部时，清军也在岳州加快了湖南北部的攻势。吴军方面，吴应期坚守，虽然他作战勇猛，但是不爱惜士卒，克扣军饷，导致部下都不为他卖命。他手下有两名精通水战的将领林兴珠和杜辉，二人原是郑成功部下，后都降清，吴三桂进入湖南后他们又臣服于吴，坚守洞庭湖。但是吴应期和林兴珠关系恶劣，互相不满，因吴应期在吴三桂面前进谗言诬陷林兴珠，林兴珠遂又归顺清朝。吴应期则处死他的儿子，将他妻子发往云南。杜辉则因为他的儿子在清军营中联络他归降清朝而被吴应期处死。吴应期的残暴引起了众怒。

康熙十七年（1678）闰三月，康熙册封林兴珠为侯爵，拜建义将军，在岳乐军前征战。林兴珠向康熙提出了攻克岳州的策略：水陆联合围住岳州，一半船只停泊君山，阻断常德。其他船只停在香炉峡、扁山、布袋口等处，阻断长沙、衡州，阻断岳州的陆上交通，这样就能取胜。康熙帝同意了他的战略，遂派遣安远靖寇大将军尚善、湖广总督蔡毓荣、提督桑格率水军进入洞庭湖，和吴军水师交战。同时，康熙还从其他已收复的地方调集军队参加战斗。

五月，清军云集岳州，但打了三个月也没有进展。不久，尚善死于军中。康熙着急了，一度想要御驾亲征，被议政大臣们劝阻。后来，康熙令贝勒察尼接替尚善的职务。

察尼也是清朝宗室，但他在作战中非常怯懦，不敢出击。九月，这时岳州城已经被围了，城内的吴军断了粮饷，吴军的军心也已经动摇了。康熙下令，要求察尼速战速决，并调其他将领增援岳州。在康熙的亲自过问下，清军加紧了对岳州的攻势。十月二十九日，清军进攻岳州，击败吴军万人，吴军此时断了粮饷，已到绝路。

按照惯例，清朝也加紧安抚，以瓦解城内的吴军。降将林兴珠亲自现身，发布告示，鼓动吴军投降。城内的吴军纷纷投诚，减少了流血争斗。

康熙十八年（1679），守城的吴军将领王度冲、陈珀率数千人投降。吴应期看到那么多部下纷纷投降，感到末日降临，于正月十八日下午率数万人出城，逃向长沙。翌日，蔡毓荣、桑格带领清军进入岳州。岳州历时五年，终于回归清朝。

吴应期往长沙逃窜了，但岳州已经丢了，长沙失去依靠，也守不住。于是吴应期又撤出长沙，奔向辰州。此时湖南局面发生巨变，各处吴军纷纷败逃，清军轻松占领长沙。清军一路南下，先后收复了松滋、澧州、常德、湘潭、衡州、耒阳……到了三月，湖南大部分地区都被清军攻占，吴应期、胡国柱、王绪等人蜷缩在辰州等地坐以待毙。

就在清军收复岳州的过程中，发生了一件大事……

读而时思之

吴三桂与清朝在广西、湖南展开决战，吴三桂的地盘已经开始被清军夺回了，他却做起了当皇帝的美梦。你觉得吴三桂为什么称帝？你承认他是皇帝吗？

·穷途末路，吴三桂命丧黄泉·

吴三桂称帝是想鼓舞士气，但并没有多大效果。康熙十七年（1678）六月，吴三桂的妻子病逝；八月，吴三桂本人也一病不起，八月十七日，这个曾经叱咤风云的一代枭雄走完了他的人生旅途，把留下的烂摊子给了孙子吴世璠。

吴三桂的死讯传到了京城，康熙自然是喜不自胜。群龙无首，叛军日薄西山了！这也是为什么之前吴军在永兴取胜后又撤军回到衡州。

康熙十七年（1678）十月，吴三桂的女婿胡国柱将吴三桂的遗体运到贵阳，吴世璠迎接，宣布在贵阳"即位"，给吴三桂尊为"太祖高皇帝"，给父亲吴应熊尊为"孝恭皇帝"。

◇ 人物档案 ◇

吴世璠（1666—1681），吴三桂之孙、吴应熊的嫡长子，吴周第二任皇帝。康熙十七年（1678）继位，年号洪化，退据贵阳，后遭清军攻打，败逃昆明。康熙二十年（1681）十月中旬，昆明城破，自刎而死。

到了康熙十八年（1679），湖南大部分地区也在清朝控制范围之内了。至此，吴军已经是穷途末路，康熙依然采取恩威并施的策略，劝导叛军归降。到了康熙十九年（1680），清军收复辰州，至此，湖南的叛军全部被肃清。

接下来，清军就要面对四川了。早在康熙十八年（1679）六月，为了配合湖南的战事，康熙就命令大将军图海在陕西攻取兴安、汉中，然后攻向四川。镇守此地的敌军将领是王屏藩和吴之茂。清军分四路出击，到了十月下旬，攻下兴安、汉中，进而杀入四川。

康熙得知后大喜，一方面论功行赏，一方面督促三军攻取四川，还令湖广提督徐治率水军攻打重庆。

十二月，清将王进宝攻入四川，进军保宁。康熙十九年（1680）初，宁夏提督赵良栋率军逼近成都。保宁由王屏藩、吴之茂和陈君极把守，两军展开激战。二月，王进宝重创吴军，随即攻破城池，王屏藩和陈君极被逼到绝路，自缢而死，吴之茂则被擒。同时，赵良栋也刚刚攻下成都不久。走水路进发的徐治则收复了云阳、重庆等地。清军势如破竹，很快消灭了四川的叛军，收复了四川。

至此，只剩下云贵地区了。为了夺取最后的胜利，康熙严肃军纪，撤掉了一些不思进取的将领，如坐守荆州吃空饷、不主动出击的大将军勒尔锦被削去爵位，其他在战场上不听指挥、消极怠工、贻误战机的也被治罪。而立下赫赫战功的安亲王岳乐、康亲王杰书由于劳苦功高，被康熙调回京师休息。二位将军前后回京时，康熙两次到京郊卢沟桥南二十里外亲自迎接。康熙帝赏罚分明，极大地鼓舞了军士。

另一方面，康熙换上新的将领，准备最后的战事。贝子彰泰接替岳乐，为定远平寇大将军，从湖广进军。湖广总督蔡毓荣为绥远将军，总督湖广的军马。平南将军赖塔为征南大将军，从广西进发。勇略将军赵良栋被授予云贵总督，从四川出发。

万事俱备，清军从湖南、四川、广西多路进发，冲向云贵。康熙效仿以前的做法，对云贵地区的文武官员敕谕，主动归降者不予治罪。

康熙十九年（1680）九月十二日，蔡毓荣作为先锋，彰泰跟进，一路收复了镇远、清平。康熙要求诸将务必同心协力，速取贵阳，并督促将领时刻关注战局。受到皇帝的激励，清军士气高涨。十月二十一日，清军到贵阳城下，吴世璠正在贵阳，而大将们都在四川，吴世璠知道大祸临头了，就慌忙逃到昆明。吴世璠的侍卫、文武官员等200余人归降清军，清军攻占贵阳。十一月，贵州平定。蔡、章二位将军休整了一个月后，开始进军云南。

康熙十九年（1680）九月，赵良栋指挥大军正要进发，结果吴军胡国柱、马宝、王会等人突袭四川，接连攻陷永宁、建昌、叙州等地。赵良栋不得已只能在四川和叛军交战，形势一度有些艰难，但没有对全局造成太大的影响。

从广西进发的赖塔于康熙十九年（1680）十月进发，十一月十五日进入云南，同守将何继祖发生激战。战斗持续两个月，清军获胜，收复安笼。次年二月，赖塔又和何继祖交战于黄草坝，又是一番激烈交锋，吴军败走，清军趁势收复曲靖和交水城。此时彰泰的大军也进入云南了，二月十五日，赖塔和彰泰两军会合。十九日，两军行至昆明郊外，安营扎寨。

康熙二十年（1681）二月，彰泰、赖塔大军和胡国柱展开决战。叛军不敌，逃回昆明。清军乘胜追击，打到昆明城下。吴世璠拒不投降，还下令让四川的马宝、高启隆等前来救援。康熙则命令赵良栋歼灭二敌将，同时再次招抚叛军。在清军的攻势下，马宝、高启隆撤出四川，赵良栋追在后面打。四月，四川叛军基本被肃清，赵良栋也攻入云南。叛军将领高启隆等人抵挡不住，只能投降。五月，马宝在乌木山被清军击溃，无路可走，也缴了械。

清军围困昆明城，吴世璠依然不肯投降。清军围了两个月，但还是没有攻破。清军不断向城内射发劝降书，瓦解守军斗志。十月

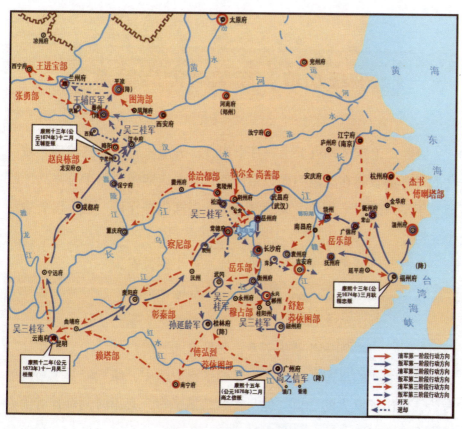

平定"三藩之乱"示意图

二十二日，叛军余从龙、吴成鳌出城投降，并将城内情况告诉清军。十月二十八日，吴世璠得知手下想要发动兵变的消息，便在大殿自杀，时年16岁，郭壮图和其子也相继自杀。第二天，叛军开门向清军投降。十月三十日，清军攻入昆明城，宣布捣毁叛军的老巢。至此，"三藩之乱"彻底结束，持续八年之久。

读而时思之

　　清军乘胜追击，收复四川、贵州、云南，"三藩之乱"终于告一段落。纵观整个战局，康熙的哪些做法最令你印象深刻？

第三章　平定三藩

·平叛功成，康熙帝彻底撤藩·

康熙二十年（1681）十一月十四日，云南收复的消息传到京城，文武百官都聚集在乾清门向皇帝庆贺行礼。康熙帝自然十分高兴，回顾八年平叛的艰辛历程，又思绪万千。康熙当即作诗一首，以表达喜悦之情：

洱海昆池道路难，捷书夜半到长安。

未襟干羽三苗格，乍喜征输六诏宽。

天末远收金马隘，军中新解铁衣寒。

回思几载焦劳意，此日方同万国欢。

作为清朝的皇帝，在长达八年的平叛战争中，康熙经受了艰难的考验，付出了巨大的心血。他身在紫禁城皇宫，心里时刻牵挂着前方的战事。他对出尔反尔的吴三桂深恶痛绝，因此平定三藩后，尽管吴三桂已经去世好几年，但康熙依然在康熙二十一年（1682）下令将他的尸体屠戮，然后挫骨扬灰，以警示那些不忠不孝的臣子。同时，吴世璠的首级也被悬挂在城门示众，吴三桂的女婿夏国相也被凌迟处死。而当初怂恿吴三桂起兵的谋士方光琛和他的儿子、侄子也在被捕后正法。叛将马宝虽然投降，但他是走到绝路后不得不降，因此也被凌迟处死。

在严惩吴三桂及其同党的同时，康熙也对另两位藩王尚之信、耿精忠进行处理。尚之信和耿精忠都是在吴三桂的鼓动下反叛朝廷，后来迫于形势又都归降，力求自保。在战事初期，为了稳住他们，康熙对他们比较客气，还承认他们的地位，尤其是尚之信，此人本来不应该承袭爵位，他的王位是发动军变后夺来的，居然得到了康熙的认可，这种情况实属罕见，也是康熙不得已而为之。康熙当时想的是减少敌对势力，分化瓦解吴三桂的盟友，尽快解决吴三桂，结束战争。现在可以秋后算账了，尚之信于康熙十九年（1680）以"不忠不孝，罪大恶极"为由被赐死。尚之信死后，平南王藩位被撤销，其所属人员编为十五佐领，分入正黄、镶黄、正白"上三旗"，驻防广东。平南王的府库金银全部充作国赋，以济军需。

福建方面，康亲王杰书在康熙十九年（1680）回京前一直留守，一是防止台湾郑经趁机作乱，另一方面就是为了监视靖南王耿精忠。早在康熙十六年（1677），就有人揭发耿精忠有造反之心，请求严惩，鉴于当时形势，康熙没有追究。康熙二十一年（1682）正月，"三藩之乱"彻底平息，康熙帝即诏将耿精忠凌迟处死。至此，云南、两广、福建不再有藩王，取而代之的是八旗兵、绿营兵。

读而时思之

"三藩之乱"的战争历时八年，终于结束。在这场旷日持久的战争中，康熙力挽狂澜，讨伐了逆贼，保住了江山。最后，三位藩王都被清算，而"三藩"的藩位也都被撤销。在你看来，你认可康熙帝彻底撤藩的做法吗？这样做的意义是什么？

第四章

对台湾的统一

台湾自古以来就是中国领土不可分割的一部分，但是在明朝末期，宝岛被荷兰殖民者侵占。1661 年，郑成功率军登陆台湾，在当地人民的支持下，经过九个多月的艰苦战斗，将荷兰入侵者逐出台湾。然而，清军入关后，坚守台湾的郑氏家族对清廷一直采取敌对态度。康熙亲政后，经过数次谈判和剿抚并用的政策，最终和平收复台湾，完成了国家统一大业。

· 郑氏家族，掌舵台湾二十载 ·

平定"三藩"后，康熙又要解决一个长期悬而未决的问题——台湾统一。台湾一直属于中国，早在三国时期，吴国孙权就派人东渡台湾。元、明时，中央都在台湾建立行政机构，行使管辖权。台湾的发展一直延续着中华民族的传统。

但是，台湾地区也屡次受到外国侵略者的入侵。明天启四年

（1624），荷兰殖民者侵占了台湾。后西班牙殖民者也占据过台湾部分地区，并与荷兰人进行对抗，之后台湾彻底沦为荷兰殖民地。

顺治元年（1644），清军入关，开始完成对全国的统一。一直忠于明朝的郑成功此时再领军，多次奉命进出闽、赣与清军作战，颇受南明隆武帝的器重。郑成功决定进军台湾，将台湾从荷兰侵略者手中夺回，作为自己积攒力量、继续反清的阵地。

顺治十八年（1661）三月，郑成功率 2.5 万名将士以及数百艘战舰，从金门岛出发，向台湾岛进发，开启了台湾收复战役。经过近十个月艰苦卓绝的海战，经过激烈的海战，郑军击沉荷军主力舰"赫克托"号，收复了赤崁楼。清顺治十八年十二月十三日（1662 年 2 月 1 日），荷兰侵略者被迫投降，结束了荷兰在台湾的侵略。自此，郑氏家族开始了在台湾地区长达二十多年的统治。郑成功成为中国历史上第一位反抗西方殖民侵略的民族英雄。

郑成功

郑成功（1624—1662），本名森，又名福松，字明俨，号大木，明末清初福建南安人。率军收复台湾全岛，驱逐荷兰侵略者。

郑成功收复台湾，想继续他的抗清事业，可惜他壮志未酬身先死，只过了五个多月，郑成功于康熙元年（1662）五月初八病逝，年仅 39 岁。

郑成功去世后，郑经继承了台湾的统治地位。郑经还很年轻，但比较聪明。他不忘祖训，依然奉早已灭亡的明朝为正统，打着"反清复明"的旗帜，但他也清楚地意识到，就凭现在的实力，想要和清朝对抗简直比登天还难。所以，他打算加强对台湾岛的控制，一直延续自己的统治。

郑经在台湾并不安分，因为台湾岛还是一片荒芜，并不富饶，所以他经常派兵骚扰福建沿海一带。而且，他还和靖南王耿精忠暗中来往，双方各取所需。虽然二者有合作也有摩擦，但在"三藩之乱"前，他们还能相安无事。

在郑经统治台湾的第二年，他的统治地位受到了叔父郑袭的威胁，以至于他的身家性命都差点丢掉。

郑袭在收复台湾的战争中立下大功，所以，收复台湾后，郑成功把军事大权交给了他。令郑袭意想不到的是，自己的哥哥那么快就撒手人寰了，更没有想到的是，郑成功前脚刚踏入黄泉路，其部将冯锡范、刘国轩、刘国辕等人一致拥立郑经承袭地位。郑袭也清楚，子承父业天经地义，没什么好说的。但是他觉得自己才应该是台湾的统治者。因此，叔侄之间产生了难以调和的矛盾。

郑经即位几个月，郑袭掌握着兵权，郑经觉得这样会出现麻烦，因此就想要收回兵权。部将冯锡范和刘国轩、刘国辕兄弟等人也早就对郑袭独揽兵权心生不满，因此支持郑经。郑袭自然不会同意郑经的要求，因此双方矛盾愈加深厚。康熙元年（1662）十月，郑经在冯锡范、刘国轩的协助下，诛杀了郑袭部将黄昭、萧拱辰等人，并将郑袭软禁于厦门。

人物档案

郑经（1642—1681），字贤之、元之，号式天，昵称"锦舍"，福建泉州人。郑成功长子，袭封其父延平王的爵位。郑成功病逝时，闻叔父郑袭准备争抢王位，在周全斌襄助下，前来台湾弭平郑袭，自称"招讨大将军世子"。后因郑氏内斗，撤退台湾。在陈永华的辅政下，抚土民，通商贩，兴学校，进人才，定制度，境内大治。"三藩之乱"起，与耿精忠勾结，西攻厦门、泉州，未果。康熙十九年（1680）返台后，纵情酒色，怠慢军政，将台湾事务均委于长子郑克臧与大臣陈永华。康熙二十年（1681）三月十七日，于台湾承天府去世，谥号文王。

由此可见，郑氏在台湾并不太平，郑经和同族亲戚的斗争，削弱的是郑氏自己。

　　从1661年郑成功收复台湾到最后康熙收复台湾，郑氏家族在台湾统治二十余载。这其中，有郑氏家族拒外辱的民族功业，也有后来与清政府的分庭抗礼。台湾在这二十多年间，实施了有利于经济发展的一些政策，许多荒地得到了开垦，经济得到了发展，政治制度上，台湾地区设县开府，促进了政治发展，有利于对台湾地区的管理与开发。许多跟从郑氏从大陆来到台湾地区的文人墨客，带来了大量的传统优秀文化以及外来文化，丰富了台湾地区的文化，促进了台湾地区的文化发展，台湾的历史文化是中华民族文化璀璨的一部分。

·招抚为主，长期复杂的斗争·

　　康熙亲政后，一直想着收复台湾这件事，并列入他的三大政事之中。相较于除鳌拜、平"三藩"，收复台湾难度最大，因为清军不善水战，要越过台湾海峡去进攻郑氏家族长期据守的台湾岛，这并不简单。如今"三藩"已平，康熙就要着手解决台湾问题。

　　早在顺治时期，为了孤立和瓦解郑氏集团，清朝实行海禁政策。所谓海禁，就是严禁出海。康熙初期继续执行，并派官员到沿海省份大规模将各省沿海居民迁入内陆三五十里，设界把守，不能逾越。这样做是为了剥离大陆与台湾郑氏的联系。结果，这样反而使一些沿海岛屿空了出来，郑军买通守边士兵，仍然能从大陆获取物资。而清朝则因为迁界禁海而蒙受损失，沿海人民背井离乡，又失去了营收，土地荒芜，贸易冷清，国家税收也减少了。

实行海禁的同时，清朝也常常派使者赴台湾进行招抚。康熙元年（1662），朝廷专门在江、浙、闽、粤等省设置人员负责招抚事宜。

康熙元年（1662）五月，郑袭在黄昭、萧拱宸的策动下，以郑成功遗言为名，打算篡位。郑经知道后，带人前去平叛。借此机会，清朝政府福建总督李率泰、靖南王耿继茂等派遣都司王惟明、李振华同总兵林忠立刻前往厦门，以"遵守政府制度，削发登岸，加官晋爵"为条件，招抚郑经。于是郑经暂停台湾之行，召集部将郑泰、洪旭、黄廷等商议。随后李率泰、耿继茂又派遣林忠等人到厦门，要求郑经将之前所占领的各州县交还给清政府，并派官员去漳州商议，同时派人禀告康熙。郑经在内外交困的情况下，假意和清政府和谈，打算等到平息内患后再作打算。于是，郑经派杨来嘉、吴荫为使者，携带此前所得各州县的二十五枚印信，随林忠到漳州和谈。

耿继茂、李率泰一方面厚待二人，派遣官员陪同杨来嘉等人一起入京面圣，另一方面趁郑氏叔侄争权之机，命令水师提督施琅、提督马得功、海澄公黄梧以及诸路总兵等，暂时按兵不动，趁机密布间谍，挑动郑氏集团内部矛盾，从内部瓦解敌人。

郑经也趁清政府招抚的空隙，将金门、厦门各岛的事务交给郑泰、洪旭和黄廷等调度。他同周全斌率领水师赴台湾。到达澎湖后，郑经先派遣礼官郑斌前往台湾，向当地官兵宣告："世藩来台奔丧，各镇官兵分驻守原地。"随后，郑经率军消灭了黄昭、萧拱宸等作乱的魁首，并以礼宽待他的叔父郑袭，使台湾局势迅速稳定下来。郑经命郑省英为承天知府，颜望忠镇守安平镇，黄安管理承天府南北两路兵马以及地方军务。

杨来嘉从北京返回厦门，告诉郑经，清廷的条件是郑氏必须剃发登岸，郑经不同意，因此清朝的招抚以失败告终。

后来，郑经又和其伯父郑泰发生内斗。康熙二年（1663）正月，郑经率军从自台湾返回厦门。诸将前来迎接，郑泰称病不来。郑经曾于黄昭营中搜出郑泰勾结黄昭图谋篡权的亲笔密信数封，并将密信藏了起来。康熙三年（1664）六月，郑经引诱郑泰到自己帐中喝酒，并设下伏兵将其软禁，郑泰自缢身亡。郑泰的弟弟郑鸣骏和儿子郑缵绪被迫率官员、兵将投降清廷。这批谙熟水战的将军、都督、总兵、参领、游击、守备、千把总等将领与兵丁，带走了大量船舰器械等装备，仅郑缵绪就带走文武官员400多名，水陆兵将7300多名，舟舰180多艘。这批投诚的官兵都受到了清政府的优待和重用。清政府授郑鸣骏为遵义侯、郑缵绪为慕恩伯，何义、陈舜穆为左都督等，后来他们成了清水师的骨干力量，为瓦解和消灭郑氏政权起了很大作用。郑氏集团也就是在相继争权的内耗中不断削弱自己。

清政府在连续招抚不成后，渐渐失去了耐心。康熙二年（1663）四月下旬，海澄公黄梧在向清廷关于进攻厦门的奏疏中指出，郑成功病故，郑经继起，这已经不适合招抚了，应当趁着对方人心散乱、准备不充分的机会，快速出兵剿灭。施琅也向清朝政府康熙上疏，提出若不趁此良机进击，将会贻误战机，并对当前形势做出了详细的分析。

读而时思之

在台湾问题上，郑氏集团一直对清廷采取敌对的态度，清朝则采取招抚的政策。你认为招抚政策的利弊是什么？

·多次和谈，郑经坚守台湾岛·

施琅分析认为，郑氏统治台湾依仗郑泰，如今郑泰被害，其弟郑鸣骏归顺，厦门没有精兵良将，郑氏集团已经自我瓦解；自从沿海百姓内迁后，厦门物价上涨，郑军粮饷匮乏；清军占踞同安、海澄两地，每日去骚扰敌军，现在郑军已经慌乱不堪。清廷继续向台湾散布招降之意，另一方面命令各军伺机围剿。福建水师提督施琅筹人建造快船160艘，招募官兵3000名，日夜操练，准备进兵厦门。

郑经把所有船只集中在金门、围头，用来抵御清军。此外，荷兰侵略者也应清廷约请，率领2500多名兵士，装备400多门大炮，驾驶17艘巨舰，抵达福州港。清军在荷兰船队的协助下，向郑军发起了大规模的军事进攻。清军漳州、海澄水陆由总督李率泰、海澄公黄梧与水师提督施琅率领，进攻厦门。

郑军由周全斌率战船20只，同来自泉州的清水师和荷兰船队在金门沙港展开一场恶战。结果精通水战的郑军占据上风。清军提督马得功四面受敌，火罐、药矢都用尽了，船上士兵伤亡严重，战船相互阻碍、首尾不顾，被逼入绝路，最终投海自尽。

另一方面，总督李率泰、靖南王耿继茂率军进攻厦门。施琅率战船百余只在前，黄梧在后。郑军将领黄廷命20只战船迎战。此役郑军逆风，清军占优。耿继茂、李率泰乘胜率领大队人马向厦门挺进，守卫高琦的郑军将领陈异率部归降。高琦守将将领林顺无心恋战，率部逃回金门。此时周全斌也因寡不敌众，最终败退，退至泊浯屿（厦门港）。林顺则带领船队停靠镇海（浯屿西南）。清军乘势占领金门。

耿继茂与李率泰趁着郑军失守金门、厦门的时机，派遣官员到铜山、镇海等地四处招降。迫于清军压境，郑军内部又互相倾轧，郑军军内煽起了一股降风。康熙三年（1664）三月六日，耿继茂、李率泰率军抵达八尺门，郑军的威远将军翁求多率民六万人归降。随后清军渡海进军铜山，郑军永安侯黄廷、都督余宽等人率所部以及家属三万二千四百余人归降。周全斌也带领部属从漳浦镇海卫投降清军。从此，金门、厦门及沿海诸岛都被清朝占领。

眼看沿海诸岛陆续平定，清军却停下了脚步。施琅认为，郑经占据台湾，早日不除，必成后患，所以必须趁着他们自己内斗、军心不稳之际一举攻破。耿继茂和李率泰也赞同施琅，于是三人联合上书朝廷，请求进剿台湾。朝廷举棋不定，直到康熙三年（1664）十一月才下诏请施琅率军攻台。

一切准备就绪，施琅于康熙四年（1665）四月率领郑氏归降的官兵出港，向台湾进发。结果驶入澎湖口时，海上狂风骤雨，雾气朦胧，巨浪滔天，施琅率领的水师人仰船倾。有的船上舢板等用具被水冲走；有的船上桅樯、船尾、船具、缆绳等处断裂，甚至有的小船在风浪中沉没。船队只能任凭风浪四处漂流。施琅所乘战船漂流到广东潮州府后，急速驶向南澳，在铜山、陆鳌沿海等地收拢漂散的各船，后狼狈地返回厦门。

台湾岛远隔大洋，孤悬海外，清军遭受风浪，无功而返。这引发清廷对是否继续征剿台湾产生了疑虑。另外，清军刚入关不久，国内长期的战争已经令内外满目疮痍、民不聊生，财政困乏，需要休养生息。

此时，康熙年幼，因鳌拜专权而进行政治斗争。因此，清廷对统一台湾的策略由军事征剿转变为和平谈判。郑氏方面，台湾岛百业待兴，也需时间来建设。清朝政府与郑氏之间暂时休兵。

趁着休战的机会，郑经着手开发台湾，任用咨议参军陈永华来负责此事。陈永华大力发展农业，鼓励各村镇开荒种植五谷及甘蔗，教民众新式晒盐法，积极与泰国、越南等地通商，促进台湾经济发展；在文化上，严禁赌博，设立学校，修建先师圣庙，又令各社学延师讲学，并逐步建立初步的科举制度；军事上，训练士兵，农闲时练习武艺，春秋时操练阵法，又令士兵去深山采木，并从外国购买造船材料，修葺、新建战船。为了突破清廷的经济封锁，陈永华派人率军悄无声息地重返迁界外荒无人烟的厦门，与当地沿海内陆的百姓进行交易。

清朝此时无力打仗，只得再度尝试安抚。康熙六年（1667）六月，朝廷派人携带福建招抚总兵官孔元章的信，赶赴台湾招抚郑经，未果。九月，派孔元章亲自前往台湾，双方因剃发问题没有达成一致，但为了表示友好，郑经馈送很多礼物，有檀香、降香、鹿筋、鹿脯、鳜鱼干等，还赏了随从等人银两。

康熙亲政后，于康熙八年（1669）五月，差遣刑部尚书明珠、兵部侍郎蔡毓荣，召集藩王耿继茂与都督祖泽清到泉州商议解决台湾问题的办法。最后他们派兴化知府慕天颜与都督佥事季佺再次赴台招抚。郑经依然坚持"照朝鲜事例，不削发，称臣纳贡"。朝廷代表则坚持"削发归顺，自当藩封"。双方依然僵持不下。为了争取和平解决台湾问题，清朝做了很大让步，允许将郑经封为藩王，世守台湾，但是郑经就是在剃发问题上不妥协。至此，谈判破裂。

> **读而时思之**
>
> 　清朝多次招抚，也做了让步，希望能通过和谈来解决台湾问题。但是郑经非常坚决，就是不想剃发。接下来，是否必须要通过战争来解决问题？

·三藩叛乱，郑经趁机攻闽粤·

清廷与郑氏之间的谈判拉锯战和短暂的和平局面一直维持到"三藩之乱"才被打破。康熙十二年（1673），康熙下达撤藩令，靖南王耿精忠煽动郑经一起谋反。郑经立刻派船队集结在澎湖伺机而动。

康熙十三年（1674）三月，耿精忠响应吴三桂举兵反清，差遣黄镛到台湾，约请郑经统率福建沿海战舰从水陆两路与他一起进攻江浙。郑经当即部署陈永华留守台湾，命冯锡范率领战船先行，随后，自己统率大队水师进驻厦门。

耿精忠在起兵时，怕漳州、泉州的文武官员不服，所以喊郑经和他一起造反。现在他很轻松地就占领了漳州、泉州，又后悔喊郑经来帮忙了。并且，去厦门联络郑经的定远将军刘炎的胞弟刘煜看到厦门瓦砾满地、茅草盈野，就对郑经非常轻视。耿精忠听完下属如此汇报后，立刻下令禁止和郑经来往。郑经见耿精忠突然变卦，立即派遣协理礼官柯平赶到福州，当面斥责耿精忠违约。耿精忠则直截了当地和郑经说停止合作，于是，双方闹翻了。

此时的康熙正在集中力量围剿吴三桂，对耿精忠采用剿抚兼施的策略，对郑经则着重于抚。郑经趁着清军同耿精忠和吴三桂交战之际，从耿精忠手中夺取了漳州、泉州所属的各县及汀州、兴化等府，并且，收降潮州刘进忠，进而占据潮、惠两府。

康熙十五年（1676），耿精忠归降清朝，郑经则成为清朝的进攻对象。康熙十六年（1677），郑经连失漳、泉、惠、潮等七府之地，退守金门、厦门。八月，康亲王杰书两次派遣使者到厦门劝降，让他让出占领的各个岛屿，回归台湾。杰书还许诺向清廷题请"以朝鲜事例，称臣纳贡，通商贸易"。但郑经要求清廷给予粮饷，让他们镇守各岛，才会罢兵议和。康熙自然不会同意，谈判失败。

随后，战事又起。康熙十七年（1678）二月，郑经派刘国轩突袭漳州，重创清军，并顺势攻克同安、海澄。由于打了败仗，康熙撤掉了福建总督郎廷佐，并让巡抚杨熙罢官回家。

那么，换谁来负责对付郑经呢？康亲王杰书推荐了姚启圣，康熙任命他来继任福建总督。

姚启圣一直在康亲王杰书帐下效力，深得器重。到福建上任后，他就向皇上提出御敌方针，康熙看后非常高兴，说："闽督今得人，贼且平矣！"姚启圣做了大量工作。他一面率军收复失地，围攻在海澄的刘国轩；一面又去厦门继续招抚郑经。军事上，他大力整顿绿营兵，改革军务，招募壮丁入伍，加强军力，做好武力征剿台湾的准备；政治上，他大力稳定福建的民心，并要求不许挟嫌陷害。这样，福建上下同心，提高了凝聚力。

姚启圣还采取了很多计策来提高策反、招降的效果。他下令保护沿海各地与郑军有乡邻、亲戚关系的人，以消除郑氏官兵的疑心及后顾之忧；采纳郑军投诚人员的迁移，在漳州设立"修来馆"，专门用来负责招降郑经的军士，并规定文官按照原衔报部补官，武官一律保留现职。士兵和平民头发长的赏银50两，头发短的赏银20两；愿意入伍的立即收入军营并领取军饷，想回家的送回原籍；对屡次反复的同样对待，不加追问。于是，郑军官兵纷纷来降。

对于姚启圣的策略，康熙帝非常支持。海澄公黄芳泰原来在漳州驻守，后来转移到汀州，在两地很有名声。郑氏

杀害了黄芳泰的兄长及其家眷，所以郑军官兵不敢来漳州投诚。于是姚启圣启奏圣上，请求迁海澄公黄芳泰出汀州。康熙应允，就让黄芳泰带着家眷回京。

此外，康熙十八年（1679）正月，康熙下令重建福建水师，调镇江将军王之鼎为水师提督。四月，又提拔湖广岳州水师总兵官万正色为福建水师提督，从江南、浙江挑选百艘战船拨入福建水师，建立了一支更为强大的海上水军。

在招抚郑经上，康熙一直未放弃过。姚启圣奉康熙之命给郑经写

信，姚启圣在信中言辞恳切地说理诉情，郑经被说服，双方又生了和谈之意。康熙十八年（1679），康亲王杰书再次派人前去厦门请郑经和谈，这次双方都拿出了诚意，眼看就要成功了，结果冯锡范等人从中作梗，谈判再次破裂。

眼看谈判又一次失败，康熙不忍了。此时，吴三桂已死，清军席卷湖南，于是清朝政府得以集结更大的军事力量，对付郑经。康熙加紧部署进攻金门、厦门，将总督姚启圣精选的 1.4 万名水兵拨给万正色统领，并按照万正色的意图，增置援剿左、右、前、后四镇，任命从郑军归降过来的林贤等人为总兵官，派遣吏部郎中萨尔图协同巡抚吴兴祚快速修补战舰 250 艘，同时命令江南总督阿席熙选拔 2000 名熟练的炮手，一概送到提督军前应用。

康熙十九年（1680）二月，万正色统率水师由定海进发，对郑经展开新一番攻势。万正色将前锋分为六队向前直冲，自己亲率舟舰继后，并出动全部轻舟，形成左右夹击。清军水师炮火齐发，击沉郑军战船 16 艘，郑军 3000 余人溺水而亡，随即溃败。清军水师进占海坛后，乘胜追剿敌兵至平海屿，同巡抚吴兴祚会师，继续南下。二月二十日，郑军将领朱天贵、林陞率 300 余艘船舰占据崇武，同清军水师展开激战，被清军水师击沉战船 20 余艘，仓促撤逃，清军占领崇武。杰书调集驻防杭州的水军向厦门和大定、小定等郑军屯粮的岛屿逼近，立即率领水陆大军攻取玉洲。郑军将领刘国轩向石码、海澄逃窜，清水师追着打，刘国轩又转逃向厦门。郑军总兵苏堪打开海澄西门投降，石码、海澄等地被清军收复。

总督姚启圣与平南将军赖塔率水陆官兵分七路进剿，攻占陈州、马州、湾腰山、观音山等 19 寨，巡抚吴兴祚同宁国将军喇哈达由同安进剿，攻占丙州、浔尾后，立即分兵三路直取厦门，郑军溃败。二月二十八日，清师攻入厦门城，继而占领金门。

郑军总兵马兴龙往来铜山、南澳等处，继续顽抗。总督姚启圣秘密派遣总兵朱光祖招抚逃往铜山的郑军将领朱天贵，朱天贵设计擒获马兴龙父子五人，将他们淹死在海中。五月，朱天贵率领两万官兵和300余艘战船，向清军归降。郑经见大势已去，再次全部撤至台湾。

读而时思之

在"三藩"作乱下，台湾郑经也蠢蠢欲动，趁机骚扰闽粤。在这时，康熙的哪些做法给你留下深刻印象？

终下决心，施琅出兵征台湾

郑氏集团再次退守台湾后，郑经开始堕落，他每天花天酒地，与文臣武将骑射享乐，任命长子郑克臧主持政务。

郑克臧刚决果断，很有其祖父郑成功的遗风。郑经背地里将郑克臧平日处理过的事情拿来审阅，发现每一件事情都处理得井井有条，条理十分清晰明确，因此对郑克臧非常喜爱，但这令郑克臧遭到了一些人的嫉妒。

原来，郑经在西征的时候，把留守台湾的任务交给了陈永华，陈永华是郑克臧的岳父，郑克臧正是在陈永华的支持和培育下不断进步的，而且陈永华将台湾治理得井井有条，郑经又将政事全都交给郑克臧处理，这令返台后的冯锡范感觉自己的权力和地位受到了严重的威胁，于是开始与手握兵权的刘国轩密谋篡夺核心权力。

后来，刘国轩和冯锡范合力采取计谋，引诱陈永华向郑经解除了自己的职权。懊悔不已的陈永华不久就抑郁而终。缺了陈永华的辅助，郑克臧也就无所作为了。

康熙二十年（1681）年正月，郑经病危，临终前嘱咐冯锡范和刘国轩协力辅助郑克臧。但他绝对想象不到此二人之后做了些什么！二月二十八日，郑经去世。结果，郑克臧继位后没几天，就被冯锡范谋杀，郑经的次子、冯锡范的女婿郑克塽即位。郑克塽只有12岁，大权自然落到冯锡范的手中。冯锡范与刘国轩发动的政变，加剧了郑氏集团的内部矛盾。刘国轩操持兵权，导致人心不安，郑氏政权处在摇摇欲坠的危机之中。

四月，郑经去世、郑克臧被害、幼子郑克塽继位的消息传到京城。五月十九日，姚启圣立刻上疏奏请："会合水陆官兵，审机乘便直捣巢穴。"康熙也一直在想如何解决台湾问题呢，这次机会终于来了！所以康熙决定进剿台湾，用武力来实现国家统一。

康熙对台湾的策略由招抚到征剿的转变，引起了一些反响。不少大臣以海洋险远、风涛莫测、计谋未全等理由，反对武力进剿。而支持武力进剿台湾的有福建总督姚启圣、福建巡抚吴兴祚、内阁学士李光地等人。

人物档案

郑克塽（1670—?），幼名秦，人称秦舍，字实弘，号晦堂，郑经次子，郑成功之孙。康熙二十年（1681），在冯锡范联合郑经从弟等人拥护下，成为延平郡王。康熙二十二年（1683），清水师提督施琅于澎湖海战大破郑军舰队，攻占澎湖，在冯锡范的劝说下决意降清。八月十三日，向施琅投降。随后前往京师，被封为公爵，隶汉军正红旗，赐府邸。

这次，康熙决心很大，进剿台湾的计划被提上日程。但是谁来当主帅，成了一个问题。内阁学士李光地老家在福建，对当地情况十分熟悉，康熙立即召李光地进宫商议此事，李光地推荐的人选是施琅。施琅一直支持武力进剿台湾，之前就上书要求尽快解决台湾问题。那时候条件不成熟，施琅的提议被搁置，现在时机终于合适了。

从施琅的自身条件来看，他确实适合。首先，施琅生长在海边，自幼随父从事海上贸易活动，精通航海，了解海边的气候。其次，施琅有丰富的海战经验，通晓兵法、战阵，提出的"因剿寓抚"的战略方针及一整套实施方案周密而可行。再次，施琅在郑氏阵营效力过，在郑氏集团中的故旧很多，利于他打探情报。最后，施琅一直对统一充满信心。

七月二十八日，康熙任命施琅为水师提督。但毕竟统一台湾是件大事，康熙还是召集大臣商议，没想到有很多人不支持施琅。第一就是施琅的出身问题，毕竟他是叛降将领。第二，他之前两次攻打台湾都失败了，而且还很狼狈。但是康熙知道施琅是有本事的将领，因此力排众议，决定支持施琅出征。

十月初六，施琅到厦门巡视海事。他吸取上次进军台湾失利的教训，为防止提督、巡抚等官员之间互相掣肘，他希望能得到大权，当月启奏康熙"征剿事宜，理当独任"，没得到同意。

康熙二十一年（1682）三月，施琅的练兵、整顿战船工作已经准备妥当，再次上疏恳请出征台湾，由他独立掌控征缴台湾的军事指挥权，并提出了征缴台湾要先取澎湖的策略。康熙力排众

人物档案

施琅（1621—1696），字尊侯，号琢公，福建晋江人，军事家。顺治三年（1646）降清，不久又加入郑成功抗清，后得罪郑成功，其父亲与弟弟被杀，再次降清。先后被任命为同安副将、同安总兵、福建水师提督。康熙二十一年（1682），与福建总督姚启圣一起进取澎湖、台湾。康熙二十二年（1683）六月，指挥清军水师先行在澎湖海战中大获全胜。上疏吁请清廷在台湾屯兵镇守、设府管理，力主保留台湾、守卫台湾。因功授靖海将军，封靖海侯。康熙三十五年（1696）逝世，赐谥襄庄，赠太子少傅衔。

议，坚持用人不疑的原则，赋予施琅专征大权，根据形势变化，施琅可自行决定征缴策略。

九月初一，台湾方面知道康熙召见施琅后非常紧张。他们不清楚

清军会如何进攻，因此不知道应该将哪里作为防守重点。就在这时，他们破获了清军两名要员给姚启圣的密信，信中内容有"澎湖无备，可速督兵前来，一鼓可得。若得澎湖，台湾即虚，便将起兵相应"。因此，台湾方面立即从各方面加强澎湖的军事防御。以精壮士兵为骨干，征调民兵入伍，壮大军队人数，同时将洋船改为炮船，将文武官员私人用船进行修正、改装，最后征集战船200余艘，官兵二万余人，由刘国轩率领奔赴澎湖。

> **读而时思之**
>
> 　　康熙为什么要选施琅作为统一台湾的主帅？在你看来施琅有什么特别之处？

·澎湖决战，收复台湾设建制·

康熙二十二年（1683）六月上旬，施琅奉旨专征，统率官兵二万多名，配备大鸟战船70艘，其余船只百余艘，浩浩荡荡发兵澎湖。清水师于六月十五日下午抵达澎湖的猫屿、花屿，船队停靠八罩、水垵澳。

刘国轩听到奏报后，命令右先锋严格督促陆军各将领严密防守，防止清军船只靠岸。刘国轩轻蔑地笑道："施琅不过徒有虚名，现在天天都有台风，他还敢统帅水师跨海作战，如果晚上起风，我们就能以逸待劳、不战而胜，请各位放心。"

六月十六日，施琅率军进攻澎湖，刘国轩于娘妈宫前澳内督战，命各镇将领率令战船排列迎战。清军右营游击蓝理、曾成，右营千总邓高等人击沉郑军船只七八艘，由于当时涨潮，前锋数艘战船被浪潮冲击，逼近郑军炮台，受到郑军的围攻。清军损兵折将，施琅的面部也被烧伤，右眼受伤。

清军兴化镇总兵吴英从后面夹攻，施琅冒死指挥，郑军水师总督连中三箭，左腿被炮击。郑军派兵增援，施琅率军撤退，郑军追击，刘国轩害怕清军有埋伏，立即鸣金收兵。刘国轩认为，清军停泊的埃屿没有遮拦，周围礁石遍布，因而我军在这里养精蓄锐，据险而守即可。

清军初战不利，施琅亲自乘船前往前哨侦查澎湖各处设置炮台和战船停泊的位置，并勘察地形、地势，准备下一步的行动计划。六月二十二日，施琅将清军兵分四路：施琅亲率 56 只大型战船组成的主攻部队，正面进攻郑军主阵地娘妈宫；总兵陈蟒等人率领由 50 只战船组成的东线攻击部队，从澎湖港口东侧突入鸡笼屿，配合主攻部队夹击娘妈宫；总兵董义等人统率另 50 只战船组成的西线攻击部队，从港口西侧进入牛心湾，牵制西侧的郑军；其余 80 只战船作为预备队，随主攻部队跟进。

清军和郑军展开决战。施琅亲率水师直取娘妈宫，刘国轩听到外堑山顶瞭望炮连发，立即命令水军迎战，西屿两岸铳炮齐发，两军交战后，炮火密布，如雨点般倾泻下来，硝烟弥漫，咫尺莫辨。清军总兵朱天贵战死，而郑军也是伤亡殆尽。危急关头，清将林贤奋起督战，接连击沉两艘郑船，郑军溃散。刘国轩见清军攻势猛烈，准备派兵殊死搏斗。

清军总兵吴英立命令领旗黄登、副领旗汤明在船头督战，自己在船尾督战。正在此时，郑军将领邱辉、江胜等人率领船队来袭击，攻势猛烈，施琅认为大决战的时机已到，他马上示意左右两侧战船全力压上，顿时炮火连天、硝烟弥漫，郑军将领江胜被清军团团围住，伤亡过半。江胜见形势危急，不想被俘，下令让战船随着炮声沉入海中。

郑军节节败退，施琅则采取分割包围的战术围剿郑军战船，郑军伤亡惨重。在慌乱之中，邱辉冒死支援，最终寡不敌众，烧船自焚而亡。施琅率领大军乘势追击。

刘国轩见郑军伤亡过半，便想要突围。但是清军船只密集，几乎占领了所有海港。突然，刘国轩看到吼门港口没有清军战船，于是下令迅速撤离，顺流逃跑。施琅看到刘国轩逃跑，立即下令追击，但是因为清军不熟悉航路，只好暂且收兵。

到了晚上，战局已定，施琅开始招降郑军残部。驻守娘妈宫炮城的郑军将士孤立无援，纷纷归降。于是，澎湖三十六岛纷纷归顺，施琅命令他们剃发，归降的将领赐袍帽，士兵赐银米，民心得以安定。

澎湖决战，摧毁了郑氏政权的主要军事力量，郑军将领战死47人，其余大小头目被焚杀或淹死高达300多人，士兵死亡1.2万余人。郑军精锐几乎全军覆灭。

征服澎湖后，总督姚启圣立即上疏奏请攻取台湾。但施琅认为澎湖之战船受损严重，需要修理，新降的官兵也不能用，需要再次增兵。并且台湾港道迂回，不知深浅，现在又是南风，应该等到八月或者十月趁顺北风时进剿。

康熙接到施琅和姚启圣的捷报奏疏后，非常高兴，立刻鼓励将士，对进剿台湾的官兵从优封赏。考虑到如果继续攻打台湾还要流血牺牲，因此按照施琅的建议，诏令招降郑克塽。

在施琅政策成功实施后，台湾民兵纷纷解体。此时，郑氏内部权力中心展开了一场激烈的争论。刘国轩认为澎湖兵败，只有投降这一条路了。还有人建议，可以攻取吕宋，重振基业。刘国轩认为现在人心不稳，如果部下造反就完了，于是放弃了攻取吕宋的想法。冯锡范又认为分兵死守，拼到最后一刻。但刘国轩极力反对，认为现在大家都没斗志，不如早日诚心归降，这样还有机会活命。郑克塽想到现在大家士气低落，又无处可去，只有投降这一条路。

康熙得到台湾愿意归降的奏报，马上给郑克塽、刘国轩和冯锡范等下诏，说："你们诚心归降，就要率领所属的军民官兵来内地，之前所有的罪名都可以赦免，待遇从优，如果仍然犹豫不决，我大军进剿之日，就是你们覆灭之时，免得到时候追悔莫及。"同时，康熙又嘱咐施琅，如果郑氏归降，切不可让他们仍留在台湾。

七月十五日，郑克塽派遣冯锡珪、陈梦炜，刘国轩的弟弟刘国昌，冯锡范的弟弟冯锡韩同曾蜚、朱绍熙带着降表文稿到澎湖施琅军前乞降。第二天，施琅派遣部将带着安民告示前往台湾。清军代表抵达，郑克塽率刘国轩、冯锡范等文武官员在海边迎接，随后将安民告示在各处张挂，郑克塽命全体兵民遵旨削发。

八月十三日，施琅率大军抵达台湾岛。郑克塽派遣礼官郑斌率领父老乘坐小船，出鹿耳门迎接，自己亲自率领刘国轩、冯锡范等文武官员到海埏恭迎。郑克塽、刘国轩、冯锡范等文武官员于十八日全都削发，施琅按照清朝制度逐一赐发不同等级的袍、褂、外套、靴帽等物，随后施琅命人广贴张发《谕台湾安民告示》，告知百姓各自好好生活、不必慌乱。之后，施琅亲自到延平王郑成功庙前祭拜。

台湾回归，施琅派遣吴启爵驰报康熙，康熙加封施琅为靖海将军，晋封靖海侯，世袭罔替，随军征缴的所属官员再各升一级，兵士再赏一次。至此，台湾统一。

康熙二十二年（1683），郑克塽、刘国轩、冯锡范等人奉命来到北京，康熙授予郑克塽公衔，刘国轩、冯锡范等人伯衔，并令工部拨房屋土地给他们，其余郑氏文武官员以及明朝后裔一律安插在附近省、县垦荒，四万名兵士入伍或者务农，自行选择。

台湾收复了，现在要处理的是如何安置台湾民众。一些观点认为台湾"孤悬海外，容易招贼，弃之，专守澎湖"，主张将人员迁往内地。而姚启圣、施琅等人坚决反对这一观点，施琅阐明"放弃台湾必定酿成大祸，留下才能永固海疆"这样富有远见卓识的意见。他在上疏中说：其一，台湾人口密集，商业繁荣，如果强行迁徙，必然导致流离失所；其二，台湾的深山中潜藏着贼寇，如果迁走，会生出事端；其三，台湾战略地位重要，是江、浙、闽、粤四省的屏障；其四，荷兰侵略者依然垂涎台湾，因此必须重视。最后，他批驳了"弃台湾，守澎湖"的论调，认为澎湖和台湾是一体的，必须要台湾、澎湖一起守。

康熙听取了各方意见，决定在台湾建制，于康熙二十三年（1684）四月，康熙下令设置台湾府，隶属福建省。于是，台湾设立了一府三县，设置巡道一名管辖，隶属于福建省，府名台湾，附近设立台湾县，南面为凤山县，同时设总兵官一名，副将两名，官兵8000人，分为水陆八营。澎湖设副将一名，领兵2000人，分为两营，每营各设游守千把等官。

康熙任命参领杨文魁为第一任福建台湾总兵官，在杨文魁上任时，康熙特地召见，叮嘱杨文魁："台湾孤悬在外，如今刚刚平定，新归顺的兵丁、原住民以及没有户籍的人口繁杂不一，你到任之后，必须安抚有方，恩威并施，使之安定。"同时，康熙告诫杨文魁，台湾以海洋为通商渠道，商船商贩繁多，必须严加整顿，不要因为利益，导致再生事端。

"纵横交织"得感悟

康熙致力于国家的安定统一，台湾自明末被荷兰侵略者占据后，一直是康熙心中的一块心病，如今他终于把台湾统一。随着文武官员陆续上任，编户籍、定赋税、通商贸、兴学校，台湾正式隶属于清朝中央政权的行政管辖之下，这是继郑成功收复台湾之后的另一个壮举。

·远洋贸易，展界开海惠民生·

清初先后颁布了五次禁海令，在康熙朝就有三次：康熙元年、康熙四年和康熙十四年。禁海令要求：在海上进行贸易活动，将被视作通贼作乱，若是地方官员知而不报，驻守港口的士兵知情的，也以同谋罪处斩，不知情的也要从重治罪。

禁海迁界极大影响了沿海省份的经济发展，已经有人向皇帝奏疏。早在顺治十八年（1661）五月，平南王尚可喜奉旨与两广总督李栖凤勘海后，就上疏为迁民请命，要求停止内迁沿海居民。任职福建总督多年的李率泰是禁海政策的倡行者，但他在康熙五年（1666）临终前，却遗书请求展界。他说："海贼远窜台湾，奉旨撤兵，与民休息，是为上策，数年以来，令海滨居民迁移内地，流离失所，应当放宽政策！"朝廷虽然没有批准，但弛禁和开界已被相当多的地方官员所呼吁。

约在康熙七年（1668），在郑氏已退居台湾的情况下，清廷开始放宽海禁，并从广东开始施行。继展界开海之后，如何管理海上贸易便成为当务之急，清朝政府在开海的同时，在江、浙、闽、粤四省设立海关。

康熙二十三年（1684）六月五日，给事中孙蕙上疏，要求海洋贸易设专门的官员收税，获得康熙的批准。康熙指出：海洋贸易，有益于民生。于是派遣部院贤能的官员前往制定税则，随后户部题请差郎中宜尔格图、吴世把等官员前往广东、福建筹划关税征收事宜。

康熙二十四年（1685），清朝政府正式在闽、粤、江、浙四海关征收税课。在税课的实施过程中，清朝政府始终注重贯彻惠民、惠商的原则与政策，为此，康熙不断发布诏令。康熙二十五年（1686），康熙指出：桥道渡口处所进行收税，与朕恤商之意不符。于是停止收出海入海船税，进口内桥等地方贸易船、车等物停止征税。康熙二十八年（1689）三月，康熙又对户部指出：国家设关税，原以通商贸易，利益民生，并非为了牟取暴利，导致纷扰不断。康熙三十二年（1693），康熙再度重申：设关税是为了通商便民，康熙责令各督抚经常参访，督抚管辖范围内还有乱收税的事情发生，督抚一并处分。康熙三十四年（1695）规定：各官员、监督所给商人的印单不许撤回，如有撤回多征的事情发生，督抚一并治罪。康熙于开海后的十余年、甚至在更长的时间内，持续推行了惠民、惠商的海关税收政策。

清朝收复台湾之后，康熙加大了展界开海的力度，康熙惠民惠商的海关政策，对沿海居民的休养生息、社会经济的发展起了巨大的推动作用。康熙二十九年（1690）六月，福建巡抚张承举上疏说，闽海关监督殷连礼所管辖的地方在一年内，就免税银6400多两，减免税额之多可以想象。

开海之后，发展最为迅速的还属海上远洋贸易。康熙即位初期，由于受到禁海政策的影响，海上对外贸易处于停滞状态，规定外国非贡期不得贸易。开海禁后，又进一步允许商民与海外各国进行贸易往来。在对外贸易中同样实行优惠政策。康熙对民间漂洋贸易一直是持赞成和鼓励态度的，也正是在这种形势下，清朝的海上贸易得到迅速发展。

读而时思之

清代历来实行海禁政策，包括康熙最初也是支持海禁的。你认为是什么原因导致康熙废除海禁、支持出海贸易？你觉得海禁政策的最大危害是什么？

抗击沙俄，保卫领土

在中国的历史长河中，自秦朝以来，北方游牧民族与南方耕种民族之间的矛盾就从来没有停止过。到了清朝初期，北方之患又加入了沙皇俄国。沙俄贪得无厌，入侵东北，烧杀抢掠。康熙凭借过人的智慧和远见卓识，派兵击败沙俄侵略者，实现了东北的安宁，维护了中华民族的尊严。

·东北之患，沙俄入侵黑龙江·

平定"三藩"，收复台湾后，康熙又集中精力来面对东北之患。

康熙在很小的时候，苏麻喇姑就经常对他讲，他的曾祖父努尔哈赤二十四岁（1583）时为了报杀祖、父之仇，以十三副铠甲起兵，东征西讨，统一女真各部，反抗明朝，成为威震白山黑水的满族大汗，在他祖父皇太极即位后，原本归属于明朝管辖的黑龙江流域上下游都成了清朝的土地。白山黑水是满族人的发源地，满族人几千年来在这里繁衍生息。

在清军入关之前，东北地区发生过不少部族战争，但从未遭受异国入侵。随着世界的发展，沙皇俄国伸出了侵略的魔爪，中国东北地区开始出现危机。

沙俄最早只是蒙古钦察汗国的一个属国，后莫斯科公国建立时只占有地处莫斯科河中游的一小块土地。后来通过不断收买或征服周边地区，

清人绘《广舆胜览图》中的"鄂罗斯夷人"

地盘逐渐扩大。明嘉靖二十六年（1547），莫斯科公国大公伊凡四世加冕为沙皇，俄罗斯诞生。俄罗斯自建立之日起就开始蚕食土地，通过不断征讨，到了清朝时期，沙俄与东北接壤。

沙俄的侵略者听闻勒拿河的支流尔丹河上有一条叫黑龙江的大河，他们四处寻找这条河，就在清军入关前的半年（1643），俄军文书官波雅尔科夫带着一小队哥萨克武装跨越外兴安岭，闯入黑龙江流域。此后，中国东北边境再无宁日。

此时，清军还在统一全国的过程中，尽管摄政王多尔衮和顺治帝已经得知黑龙江的情况，但实在无暇顾及。波雅尔科夫侵略军在东北烧杀抢掠，俘虏当地人做人质，无数的百姓死于侵略者的枪弹之下。沙俄侵略者惨无人道的行径遭到强烈的反抗。

顺治六年（1649），沙俄由哈巴罗夫率领哥萨克人入侵黑龙江地区，后入侵达斡尔族领地，于第二年秋天攻占了达斡尔族首领阿尔巴

西驻地雅克萨。

雅克萨是贝加尔湖、雅库茨克两地进入黑龙江地区的要道，沙俄侵略者攻占后，立刻加固防守，作为进一步侵略黑龙江流域的重要据点，并且还将此地更名为阿尔巴津。

沙俄以雅克萨为根据地，大肆炮轰手无寸铁的百姓，抓捕俘虏和人质，甚至还制造骇人听闻的大屠杀。但是中国军民没有被吓到，顺治八年（1651）十月，沙俄侵略者到乌扎拉村准备在此休息时，这一带的赫哲族人一面用原始武器抗击入侵者，一面派人向驻守宁古塔的清军报信。宁古塔的守将是海色，他率600名士兵到乌扎拉村抵抗俄军，其他部族也率部前来助战。就在清军和各族人民突破敌人，准备攻入敌营时，海色却麻痹大意，给了敌人喘息之机。后来沙俄侵略者向清军猛烈炮击，清军败走而回。

这次战斗虽然清军失利了，但是有效地打击了沙俄侵略者的嚣张气焰。沙俄受到清军的抵抗，退回到黑龙江上游地区，在撤退过程中，又遭到了清军和各族民众的袭击。之后，沙皇派来援兵，替换了更加骄横的斯捷潘诺夫作为长官。

这次战斗也让清朝意识到沙俄侵略的严重性。为了保证边疆的安宁，清廷于顺治十年（1653）设立宁古塔昂邦章京，沙尔虎达为首任昂邦章京（满语音译，总兵的意思），并将达斡尔族居民内迁到松花江流域。而清朝的退让换来的是沙俄的嚣张。顺治十一年（1654），沙俄派别克托夫从叶尼塞斯克出发，入侵贝加尔湖地区，占领尼布楚。第二年，清军对沙俄予以反击，但受困于给养、粮饷不足，最后不得不回撤，致命侵略者继续在黑龙江横行。顺治十五年（1658），沙俄重新占领尼布楚，作为进一步向黑龙江中下游扩张的据点。期间，斯捷潘诺夫率500名哥萨克兵沿黑龙江下窜至松花江流域，清廷命沙尔虎达率领1400士兵分乘47艘战船讨伐，在松花江和牡丹江合流处包围沙俄，击毙斯捷潘诺夫。顺治十七年（1660），清军将沙俄残部赶出黑龙江中下游，但上游的尼布楚依然被沙俄侵占。

康熙即位后，沙俄依然侵略塞北边境地区，于康熙四年（1665）冬天，重新占领雅克萨，并自贝加尔湖南下，入侵喀尔喀蒙古地区，建立楚库柏兴，图谋黑龙江下游。雅克萨、尼布楚和楚库柏兴成为沙俄侵略者入侵后的三个据点。

沙俄不光侵占土地和抢夺财物，还煽动沿江少数民族首领背叛、颠覆清朝。其中，索伦部首领根特木尔原本为清朝四品官员，但在沙俄的引诱下，根特木尔一伙在康熙六年（1667）背叛清朝，逃到尼布楚。

康熙此时是有心无力，他刚铲除鳌拜，而三藩问题和台湾问题还没解决。康熙只能将主要精力放在南方，希望将东北的问题通过和谈的方式解决。

读而时思之

清朝入关之初，不仅国内不太平，就连东北边境也遭到了外敌的骚扰和侵略。面对来势汹汹的沙俄侵略者，康熙该怎么去面对？

·和平交涉，沙俄侵略者贪鄙·

在康熙看来，不论战争的动机如何，受难的都是百姓。加上这时清朝内外交困，根本无力顾及沙俄的纷争。因此，面对贪得无厌的沙俄，康熙还是采用外交途径与对方周旋，希望能和平解决。但是康熙也知道，沙俄始终是东北的隐患，而东北又是满人的发祥地，此地不宁，危及统治。沙俄喜好侵略，如果不打击他们的气焰，那么后果将不堪设想。

沙俄重新侵占雅克萨和根特木尔叛逃这两件事让康熙异常恼火。康熙九年（1670），他就命令古塔将军巴海派人前往尼布楚，谴责沙俄入侵黑龙江的野蛮行为，并要求对方将叛逃分子根特木尔等人引渡回国。康熙甚至对沙俄表示，如果有什么要传达的，可以派使臣来到朕面前说。结果，尼布楚统领阿尔申斯基接到文书后，根本没有解决争端的意思。

同年四月下旬，阿尔申斯基派出米洛万诺夫等人出使清朝。康熙本着和平解决的意愿，对一行人隆重接待，并赠予衣帽、绸缎等厚礼。但是俄方根本没有诚意，言辞嚣张，提出一系列无理要求，居然要求康熙向沙皇称臣纳贡，清俄自由通商，制止国民抗击沙俄侵略。对于清廷索要叛乱分子之事，俄方推托说等到沙俄批复后再议。对此，康熙严正指出："黑龙江一带自古以来就是大清领土，今罗刹犯我边境，侵占我边城雅克萨，策动根特木尔叛逃，危害我国主权，本想兴兵声讨，但念两国关系以及百姓免受战火，最好能和平解决。只有这样，双方修好，才能发展贸易。"

沙俄使团在京城停留一个月后便返回。临行前，康熙派人携带给沙皇的国书，随同俄方前往尼布楚。康熙强调，如果沙皇真想和清朝修好，必须履行两个条件：遣返根特木尔，今后不再侵犯边境。

之后，阿尔申斯基等人表示会对哥萨克头目的行为予以限制，并口头答应引渡根特木尔等人，但是根本没有兑现。之后，康熙又多次派人去尼布楚联络，要求对方满足康熙提出的两个要求，对方一直不予理会。

康熙十四年（1675），沙皇指派尼古拉·斯帕法里率领百余人出使清朝，声称要和清廷洽谈商贸问题。双方初步在齐齐哈尔会谈后，俄使团于次年五月进京觐见康熙，向清朝递交了一份国书和一份照会，以自由通商为中心，列举了十二条请求，如允许两国互市，通路；每年向俄国进贡4万两白银，以及生丝、熟丝或贵重的宝石等珍稀物品；指定来往方便的海河陆路通商；释放被俘的俄方人员等。他们以不通晓语言、无法看懂中国皇帝国书、不知情为借口，对康熙多次重申的引渡叛逃人员、不侵扰边界的要求置若罔闻。

康熙对尼古拉一行非常不悦，但还是以礼招待。七月初，尼古拉一行返俄。临行前，康熙特派大臣向俄使郑重要求，希望俄方归还叛逃人员，派使节前来要遵从中国礼仪，不要骚扰边境，如果能做到，双方可以通商贸易，否则，本方不接受所谓的十二条要求。

尼古拉一行进京不仅没有解决祸端，而且看到清朝内部事务繁忙，出现"三藩之乱"，便多次鼓动沙皇侵犯清朝边境。从康熙十五年（1676）起，沙俄以雅克萨和尼布楚为据点，大肆袭扰我国少数民族居住区，使边境百姓生活难以安宁，甚至还深入我国内地，掠夺民间子女。一时间，沙俄侵略者在黑龙江的各条支流上建立了许多新的据点。

面对沙俄的侵略，康熙多次派人前去警告，要求对方停止野蛮行径。康熙十九年（1680），康熙派人要求俄方拆除所谓据点，撤出侵占的领土，否则就要通过武力来解决。但沙俄侵略者不为所动，认为清朝软弱好欺负。康熙二十一年（1682），沙俄侵略者多次入侵、杀害中国百姓。中国军民忍无可忍，被迫武力还击，杀死小部分俄军。

"纵横交织"得感悟

事实证明，面对沙俄的侵略，警告、交涉、抗议没有起到作用，不经过战争，沙俄是不会停止侵略清朝领土的。因此，东北边境问题迟早要通过武力来解决。

·做好战备，派兵永戍黑龙江·

为了解决东北边境问题，康熙制订了周密的计划，进行了大量细致的准备。康熙认为，过去不能彻底驱逐侵略者，是因为粮饷跟不上，而东北各少数民族又心怀疑虑，因此，康熙加强东北的边防，组织各族民众加强建设，增强防卫力量。

早在康熙十年（1671），康熙首次巡视东北时，他就强调要做好团结当地居民的工作，要训练兵马，整备器械，警惕沙俄入侵。"三藩之乱"时，宁古塔驻地守军被迫去关内作战，东北的防卫力量被削弱。驻守长官巴海依照康熙的旨意，想办法补充兵源。他招抚松花江下游、诺曼河、乌苏里江和穆棱河等地的部族，将他们编成四十佐领，安置于宁古塔等地，给予房屋、土地、耕牛、种子，让他们耕种，并和满族官兵一起效力。

平定"三藩之乱"后，康熙于康熙二十一年（1682）率领群臣出发，航行于松花江，并巡视吉林乌喇（今吉林省吉林市）。乌喇是重要的造船基地之一，从清朝初年开始，不仅造船，还训练水师。此次康熙巡察，自然要检阅水师，查看战舰的准备情况。宁古塔将军巴海率领大小数百船只和精锐军队摆好阵势，供皇帝检阅。

康熙明白，要想赶走沙俄侵略者，不仅要依靠军事装备，更要依靠广大军民，要关心军民的疾苦，保持人员团结，上下要勠力同心。因此，他不仅检阅了船舰，还特别询问军民疾苦，特意告诫将领和官员，要体恤士兵。康熙指出："吉林乌喇田地米粮甚为紧要，一旦有误，关系不小。宜训人勤勉耕种，发展生产。"康熙在东北苦心经营，为驱逐沙俄奠定坚实基础。

检验军队后，康熙开始做武装收复失地的军事准备。康熙二十一

清代吉林船厂旧址

年（1682）九月，康熙命令副都统郎谈等人率人去雅克萨侦察敌情，并勘察沿途水陆交通。

　　同年年底，郎谈等人返京，向皇上报告，认为派 3000 人的军队，用 20 门红衣大炮，即可攻取，并建议来年春天冰河解冻时，水陆齐发，收复雅克萨。康熙则认为时机尚不成熟，不可操之过急。康熙主张调兵永戍黑龙江，建立基地，屯兵种田，做好长期准备。这一英明的决策，反而遭到了反对：部分高官以路途遥远、运输困难为由，不愿前往；有的官员希望一鼓作气，速战速决，反对长期驻守。

　　康熙二十二年（1683）四月初八，康熙下旨，斥责了那些不思进取的意见，同时任命萨布素、瓦礼祜为副都统调兵前往，在原有的 1500 名乌喇、宁古塔兵的基础上，增派 500 名达斡尔兵调往瑷珲和额苏里。

　　同年十月二十六日，康熙任命萨布素为黑龙江将军。萨布素到任后便将瑷珲迁往新址筑城。瑷珲最初规模很小，无法满足永戍需要。

康熙二十三年（1684），康熙派副都统穆泰率600名盛京兵协助建设新城。瑷珲新城建立后，东北的边防力量大大增加，也使这里成为抗击沙俄的军事基地。

兵马未动，粮草先行。因此，需要把大批粮草等物资运往黑龙江。康熙于康熙二十二年（1683）三月起，组建了一条水陆联合运输线，这条线路是朝廷沟通东北、直达瑷珲的大动脉，全长四五千里，沿途设兵驻防，建造粮仓。除了征调粮食、购买肉食外，康熙还要求组织瑷珲、额苏里的驻军自己就地屯田。由于屯田士兵很多人不擅长耕种，因此康熙特派官员前去指导，使其"耕种有法，禾稼大收"。这样，手中有粮，打起仗来就没有后顾之忧。

为了确保战争中便捷、快速地传递情报，康熙还在这一年筹备驿站的建设。他委派户部郎中包奇、兵部郎中能特、理藩院郎中额尔塞等人去勘视设驿地方，并特意嘱咐：创立驿站，关系紧要；要详加确议安设；所需粮食物资要多准备，千万不要吝啬以至于物资匮乏；要从长计议，不得鼠目寸光。

包奇等人认真执行，至康熙二十三年（1684）冬天完成任务，并奏称："臣等以五尺为度，重新量得吉林至瑷珲的里程，共一千三百四十里，拟设十九个驿站。"康熙立刻下令户部以及盛京、宁古塔、黑龙江三将军，就驿丁选派、牛马数额、口粮房屋等事宜进行规划、研究和落地。

派兵永戍黑龙江，能进一步震慑沙俄侵略者，防止他们进一步向黑龙江中下游扩张，为收复雅克萨创造有利条件。对沙俄的反击，清康熙已经心中有数。

> **读而时思之**
>
> 康熙派兵永戍黑龙江，这样做的战略意义有哪些？康熙该如何驱逐沙俄侵略者？

军事外交，清军收复雅克萨

做好了各项准备，康熙这次要对沙俄侵略者动真格了。

康熙二十二年（1683）九月，康熙勒令盘踞在雅克萨等地的沙俄侵略军撤离清朝国土。沙俄侵略军不予理睬，反而率兵窜至瑷珲劫掠，清将萨布素率领宁古塔的1500人，再加上盛京兵500人，增调的藤牌兵500人，共计2500人左右，将其击败，并将黑龙江下游侵略军建立的据点均予焚毁，使雅克萨成为孤城。但侵略军负隅顽抗，康熙二十四年（1685）正月二十三日，台湾的回归给了康熙彻底消除沙俄侵略者的底气，康熙命都统彭春赴瑷珲，负责收复雅克萨。

清藤牌兵所用的藤牌

清军的"藤牌兵"在当时相当于特种部队，兴起于明朝中期的抗倭战争，由清代名将林兴珠发扬光大。

康熙二十四年（1685）四月，彭春统率3000名清军，携战舰、火炮和刀矛、盾牌等兵器，从瑷珲出发，分水陆两路向雅克萨开进，于五月二十二日抵达雅克萨城下，

神威无敌大将军炮

在抗击沙俄的雅克萨自卫反击战中，神威无敌大将军炮战功卓著。

第五章 抗击沙俄，保卫领土

095

向侵略军头目托尔布津发出通牒。托尔布津凭借工事坚固，他拥有官兵 450 余人，炮 3 门，鸟枪 300 支，拒不从命。清军于五月二十三日分水陆两路列营攻击，陆军布阵城南，集战船于城东南，列炮于城北。二十五日黎明，清军开炮攻击，重伤侵略军，托尔布津乞降，派遣使者要求在保留武装的条件下撤离雅克萨。经彭春同意后，俄军撤至尼布楚。清军赶走侵略军后，拆毁雅克萨城俄军侵略者建立的堡垒，然后回师，只留下部分兵力驻守瑷珲，另派兵在瑷珲、墨尔根屯田，加强黑龙江一带的防务。

彭春等人收复雅克萨后，疏忽了防守，给了沙俄可乘之机，结果又生事端。

沙俄侵略军被迫撤离雅克萨后，贼心不死，继续拼凑兵力，图谋再犯。康熙二十四年（1685）秋天，莫斯科派兵 600 人增援尼布楚。获知清军撤走，侵略军头目托尔布津率大批沙俄侵略军再次窜到雅克萨。

当时康熙还不知道俄军再次入侵了雅克萨，直到第二年二月十三日才收到了确切消息。他立刻部署了第二次雅克萨战役。此次任务的统帅是黑龙江将军萨布素。

七月二十四日，清军两千多人在萨布素的统帅下进抵雅克萨城下，将城围困起来，勒令沙俄侵略军投降。托尔布津不理。八月，清军开始攻城，托尔布津中弹身亡，改由杯敦代行指挥，继续顽抗。八月二十五日，清军考虑到沙俄侵略者死守雅克萨，一定是在等待援兵，并且考虑冬天结冰后，舰船难以行动，马匹、粮饷等难以运送，于是在雅克萨城的南、北、东三面掘壕围困，在城西河上派战舰巡逻，切断守敌外援。

沙俄侵略军被围困，战死病死很多人，城中缺少饮水，弹尽粮绝，800 多名俄军士兵死了大部分，只剩下 150 余人，失去了抵抗的能力。此时，清军在雅克萨城北、城南筑起高台，架上大炮，准备攻城。

沙皇多次对康熙的和平提议不屑一顾，当他得知俄军在雅克萨失利且被围困的时候吃了一惊，不得不接受和谈的建议。康熙二十五年（1686）九月，沙皇派使者来到京城，说俄方已指派戈洛文为大使，前来与中方举行边界会谈，请求清军撤离雅克萨。康熙接受了俄方的请求，当即派人向萨布素宣谕撤兵，同时向沙皇致信，等待使者前来议定边界，停止战争。

"纵横交织"得感悟

雅克萨战役体现了康熙卓越的战略眼光和政治手腕，康熙将军事斗争与外交斗争相互配合，斗争有理、有利、有节。面对沙俄军队对中国黑龙江流域的不断侵略和蚕食，康熙本着先礼后兵的原则，曾多次与沙俄进行交涉，坚决要求沙俄军队停止侵略行径。当外交手段未能奏效时，才使用武力驱逐入侵者。康熙在军事上取得胜利之后，又通过外交手段来巩固军事斗争的胜利成果，使这场捍卫领土主权的斗争开展得有理、有利、有节，最终使沙俄不得不撤出雅克萨，承认中国在黑龙江流域的领土主权。此战的胜利，是康熙与中国人民在辽阔的东北边界为保卫边防而进行的长期反复斗争的一次胜利，它挫败了沙俄跨越外兴安岭侵略中国黑龙江流域的企图，遏制了几十年来沙俄的侵略，清朝东北边境在此后一个半世纪里得到安宁。

·艰苦谈判，签订《尼布楚条约》·

俄国见雅克萨之围解除了，就对和谈采取消极、怠慢的态度。直到康熙二十七年（1688）二月二十三日，戈洛文才派人到京城，商议谈判事宜。俄国为了加强自己的地位，建议将谈判地点放在他们的地盘色楞格。康熙开始同意了，并派领侍卫大臣索额图、都统公佟国纲等人为代表，率领使团前往。结果使团行到喀尔喀蒙古地区，路途受阻。康熙闻报，立刻遣人召回使团，与沙俄另谈地点。

康熙二十八年（1689）四月初五，俄国信使到达京城，索额图与之谈判，双方立刻约定新的谈判地点为尼布楚。清朝建立了新的谈判使团，成员包括索额图、佟国纲、郎谈、萨布素等人，传教士徐日升和张诚为译员。四月二十六日，使团出发。

六月十五日，清朝使团到达尼布楚，而俄方却不想谈了。俄方戈洛文屡屡无理取闹，说中国使团带着军队，没有诚意，看着像是要打仗的；还说中国使团驻地距离尼布楚太近，要求中国使团后退至额尔古纳河口。索额图驳斥了沙俄的说法，表示己方是真心诚意来谈判的。经过多次交涉，戈洛文终于在七月初四抵达会场。

直到七月初八，中俄双方才开始正式会谈。钦差大臣索额图和俄国首席代表戈洛文各带 40 名随员和 260 名卫兵来到谈判地点。谈判地点设在距双方驻地各五里的地方，在那里搭起两座紧连在一起的大帐篷。戈洛文提出以黑龙江为界，河北岸划归俄罗斯帝国，南岸属于清朝。索额图根据史实，说明黑龙江两岸一直是清朝领土，是俄国强行占领了清朝的土地，要求归还尼布楚和雅克萨等地，提出两国应以勒拿河、贝加尔湖划界。双方辩论一天，各不相让，谈判进入僵局。

七月初九，中俄双方使臣举行第二次会议。俄方开始仍坚持原方案，中方坚决拒绝。双方坚持各不相让，谈判呈破裂危机，戈洛文见第一方案不能实现，便稍微降低要价，企图以牛满河或精奇里江为界。索额图根据康熙的意图，做出让步，抱着早日缔约划界的愿望，一方面明确表示不同意俄方的第二方案，另一方面做了重大让步，提出以尼布楚为界，尼布楚归属俄国，但仍遭俄方代表戈洛文拒绝。

七月十日至七月十三日，中俄双方使者会外频繁接触，继续进行谈判，中国方面考虑俄方意愿，同意暂时搁置喀尔喀蒙古地区的划界，但俄方态度强横，谈判一度陷于僵局。七月十四日，中国和俄国达成协议，俄接受清朝方面提出的分界线，同意放弃对雅克萨的占领。七月十八日，俄国代表横生枝节，就外兴安岭东端的分界线提出无理要求，再三纠缠，清朝方面又做出让步，同意乌第河以南一片地区留待以后议定。七月二十日至七月二十三日，中俄双方就贸易问题、沙皇称号问题、叛逃人员问题进行讨论，中国方面又再三让步，完成了条约的草稿，并就条约文本的交换、签字盖章、宣誓方式达成协议。

康熙二十八年（1689）七月二十四日，清政府全权使臣索额图和沙俄全权使臣戈洛文在尼布楚签订中俄《尼布楚条约》。条约内容以满文、俄文和拉丁文三种文字签订。条约明确划分了中俄两国的东西边界，从法律上确立黑龙江和乌苏里江流域包括库页岛在内的广大地区属于中国领土，清政府同意把贝加尔湖以东的尼布楚之地划归俄国。

中俄《尼布楚条约》条约大致内容如下：

一、从黑龙江支流格尔必齐河到外兴安岭、直到海，岭南属于中国，岭北属于俄罗斯。西以额尔古纳河为界，南属中国，北属俄国，额尔古纳河南岸之黑里勒克河口诸房舍，应悉迁移于北岸。

二、雅克萨地方属于中国，拆毁雅克萨城，俄人迁回俄境。两国猎户人等不得擅自越境，否则捕拿问罪。十人以上集体越境须报闻两国皇帝，依罪处以死刑。

三、此约订以前所有一切事情，永作罢论。自两国永好已定之日起，事后有逃亡者，各不收纳，并应械系遣还。

四、双方在对方国家的侨民"悉听如旧"。

五、两国人带有往来护照的，允许其边境贸易。

六、和好已定，两国永敦睦谊，自来边境一切争执永予废除，倘各严守约章，争端无自而起。

条约有满文、俄文、拉丁文三种文本，以拉丁文为准，并勒石立碑，碑文用满、汉、俄、蒙、拉丁五种文字刻成。根据此条约，俄国全部占领黑龙江流域的阴谋破产，但与清朝建立了贸易关系。

《尼布楚条约》以外兴安岭和额尔古纳河为界划分俄国和中国，但没有确定外兴安岭和乌第河之间地区的归属，因为外兴安岭在乌第河源处分成南北两脉，南脉在河南入海，北脉沿北海上行在白令海入海。清朝所提的是乌第河以北、北主脉往南的地方属于争议地区，回去禀报后再议。

《尼布楚条约》是中国和俄国之间签订的第一份边界条约，清朝政府在本条约中使用的国名是中国，"中国"作为主权国家的专称第一次用在国际条约中。比如中国首席代表索额图的全衔是："中国大圣皇帝钦差分界大臣议政大臣领侍卫内大臣。"这表明他是中国皇帝的钦差，行使中国主权。《尼布楚条约》对疆界划分与两国人民归属的称谓，使用的也是"中国"与"中国人"。

"纵横交织"得感悟

中俄《尼布楚条约》，清廷在领土方面其实做了很大的让步，但也收复了雅克萨等长期被沙俄侵占的土地。康熙之所以如此让步，是有另一个令他头疼不已的敌人——噶尔丹。此人率军叛乱，不断袭扰，康熙不得不集中力量去抗击他。不管怎样，东北的战事是告一段落了，清朝虽然失去了尼布楚周围及其以西的领土，但东北疆域保持了多年的安定。

第六章

亲征噶尔丹，平定北疆

康熙抗击沙俄过程中，国内又冒出了威胁和平的人物，这就是噶尔丹。康熙面对噶尔丹分裂民族的反动势力，力排众议，三次亲自率部进军漠北，最终平定了噶尔丹部，缓和了清朝政府与蒙古各部的关系，实现了漠北蒙古的统一。三次亲征，体现了康熙维护国家统一和民族安定的坚定决心，再一次展现了这位千古一帝的绝世风采。

◆ 漠北枭雄，噶尔丹野心勃勃 ◆

在康熙的英明决策下，清朝的边疆逐渐安定。收复台湾、戡定东北后，他又把目光瞄向了漠北。在这一地区，准噶尔部逐渐崛起，开始与清朝中央政权分庭抗礼，威胁着清朝的社会稳定。

噶尔丹生于顺治元年（1644），是准噶尔部著名首领巴图尔珲台吉第六子，年少时到西藏当喇嘛，颇得达赖五世器重，授予呼图克图的尊号。但噶尔丹并未潜心于佛门之道，而是喜欢舞枪弄棒，并与当时西藏的实权人物第巴桑结嘉措相交甚密。噶尔丹在西藏期间，也未脱离蒙古的政治生活，不时返回准噶尔。

厄鲁特蒙古有四个部落：和硕特部、杜尔伯特部、土尔扈特部和准噶尔部。噶尔丹属于漠西蒙古的准噶尔部落。准噶尔也是这四个部落中最为强大的。巴图尔珲台吉是准噶尔部落的杰出领袖，顺治十年（1653），巴图尔珲台吉临终前指定他的第五个儿子僧格为继任者。僧格与清朝的关系很好，后来不满俄国强行对准噶尔部征税，僧格抗议，曾出兵攻打俄军哨所。康熙九年（1670），僧格被同父异母的兄弟车臣台吉和卓特巴巴图尔谋杀，车臣台吉自立。不久，僧格台吉的岳父、和硕特部首领鄂齐尔图车臣汗率本部来平叛，处死车臣台吉。由于僧格台吉的三个儿子年纪尚小，于是准噶尔贵族便拥立僧格台吉的弟弟噶尔丹为台吉。这样，朔北草原出现了一位叱咤风云的枭雄。

噶尔丹在夺取政权后，野心开始膨胀，此时，清朝国内发生了"三藩之乱"，他觉得这是个好机会。为此，他做了四件事：首先，向康熙示好，在康熙被三藩叛乱弄得焦头烂额的时候，噶尔丹不仅没有趁火打劫，反而非常依顺康熙；第二，恭顺达赖喇嘛，取得他的支持；第三，勾结沙俄，与沙俄狼狈为奸；第四，运用各种手段扩大自己的势力范围。

◆ 人物档案 ◆

噶尔丹，即绰罗斯·噶尔丹（1644—1697），准噶尔部人，号博硕克图汗，厄鲁特蒙古准噶尔部首领巴图尔珲台吉第六子，准噶尔部贵族首领，是17世纪厄鲁特蒙古准噶尔汗国大汗。幼年被认定为西藏尹咱呼图克图转世，在班禅和达赖处学习佛法。康熙九年（1670），其兄僧格珲台吉被害，后击败政敌，成为准噶尔部珲台吉。成为统治者后不断向外扩张，先后击败和硕特部，征服哈萨克、灭叶尔羌汗国，称雄西域。康熙二十七年（1688），进攻喀尔喀蒙古土谢图汗部，威逼北京。后被康熙发动三征噶尔丹之役征剿。康熙三十六年（1697），被清军击溃，死于科布多。

　　噶尔丹聪明狡黠，善于谋略，且很有野心，挥师直至中亚各国，他希望能像成吉思汗那样实现一番霸业。康熙十六年（1677），清朝内部已经有人提醒康熙，说噶尔丹是北厄鲁特部的霸主，如果他们举兵进犯，那就危险了，所以要注意西北的防御。当时清朝还在面对"三藩之乱"，当然无暇顾及这边，康熙只是说注意严加防守，不要过分干预厄鲁特的内部事务，这让噶尔丹愈发狂妄。"三藩之乱"平定后，康熙才开始注意噶尔丹的举动。

　　后来，噶尔丹和清朝又因为经贸问题出现摩擦。噶尔丹为了获取更多的利益，每年都派使者进京朝贡、贸易，且每年人数都有增加。清朝规定，各部入京贸易者不能超过200人，而噶尔丹却不把规定放在眼里，派了2000名使者进京，清廷只准许其中200人入京，其余人全部遣回。这让噶尔丹非常不满。

　　之后，噶尔丹还和沙俄"眉来眼去"。早在巴图尔珲、僧格时期，沙俄就不断骚扰准噶尔的牧区，当时厄鲁特各部坚决反抗沙俄的野蛮行径。到了噶尔丹这里，他居然改了父兄的政策，开始与沙俄狼狈为奸。康熙二十二年（1683），噶尔丹向沙俄含糊地表达对他们的支持。而沙俄为了对抗清朝，想要拉拢厄鲁特蒙古，打击反对他们的喀尔喀蒙古。

　　那么，喀尔喀蒙古又是何方神圣？该部落是成吉思汗后人的属地，在清朝时期，形成车臣汗部、土谢图汗部、札萨克图汗部三大部落。他们和清朝保持平等关系，表面上还是和平的。

　　康熙元年（1662），札萨克图汗部发生内乱，不少人投靠了土谢图汗部。后来内乱平息，札萨克图汗成衮派人向土谢图汗索要自己的属民，但土谢图汗察珲多尔济拒不交出。因此两部落结仇。成衮派人求助清廷，但康熙无暇顾及；成衮又请求达赖喇嘛帮忙，结果土谢图汗根本不把达赖喇嘛放在眼里。成衮走投无路，求助噶尔丹。当时噶尔丹与土谢图汗积怨已深，因为察珲多尔济曾派兵援助过别的部落抵抗噶尔丹，还抢劫过噶尔丹的使团。现在札萨克图汗成衮前来示好，噶尔丹高兴不已，立刻结盟。随后，二者一起对抗土谢图汗。

康熙得知噶尔丹和札萨克图汗结盟后，开始警觉。喀尔喀蒙古与沙俄以及厄鲁特部接壤，战略地位十分重要。为了保持北疆的安定，康熙在平定"三藩之乱"后，先后派出使臣调解喀尔喀内部矛盾，同时也向达赖喇嘛传谕，要求其派出使者协助调解矛盾。

康熙二十五年（1686），在清廷使者和达赖喇嘛的使者的一道努力下，札萨克图汗和土谢图汗终于握手言和，喀尔喀各部重新团结起来。

面对这一局面，噶尔丹反而不愿意了，他依然想制造新的争端。当初康熙刚派遣使臣调节漠北土谢图汗和札萨克图汗的关系，噶尔丹就找到了札萨克图汗，开始了挑拨离间，于是，在噶尔丹的煽动下，札萨克图汗背叛誓言，与噶尔丹兵合一处，企图消灭土谢图汗。土谢图汗得知此事后，不顾康熙的劝告，于康熙二十六年（1687），发动战争，攻打札萨克图汗。这一战役，札萨克图汗沙喇和其台吉等人被诱骗到固尔班黑尔格后被杀，噶尔丹的弟弟多尔齐扎卜也被害死。噶尔丹万万没有想到土谢图汗如此心狠手辣，决定剿灭土谢图汗。

康熙二十七年（1688）五月中旬，噶尔丹率领3万大军突袭漠北蒙古，土谢图汗不是对手，带着家眷和牲口逃走。逃走后的土谢图汗给康熙写了一封加急信求救。康熙立即派遣使者去责问噶尔丹。然而，彼时，噶尔丹一路势如破竹、横扫漠北，土谢图汗部在他的逼迫下被迫向南逃亡，噶尔丹如入无人之境，直逼呼伦贝尔，距离清朝的喀伦只有七八天的路程了。

噶尔丹进攻喀尔喀蒙古，产生了极严重的后果。首先，噶尔丹出兵，是从背后向正在抗击沙俄侵略的喀尔喀蒙古砍了一刀，使他们腹背受敌。其次，噶尔丹占领漠北后，此时清朝正和沙俄谈判，这大大影响了清政府在谈判中的实力地位，使清朝政府在谈判中被迫对俄国做出重大让步的决策。另外，噶尔丹的入侵使蒙古各部陷入水深火热之中，如此一来，康熙不得不去面对蒙古问题。

　　你对蒙古各部落有什么样的印象？在你看来，这个噶尔丹，清朝有必要去征讨他吗？

·来势汹汹，噶尔丹挑起战争·

　　噶尔丹将战火不断向南延伸，蒙古各部败退下来，陆续进入清朝境内。康熙二十七年（1688）秋，土谢图汗和其他蒙古部落请求朝廷接纳他们，同时求请清朝出兵帮他们抵抗噶尔丹的侵略。康熙接到消息后，立刻下令对蒙古流亡而来的流民予以赈济和安置。

　　面对来势汹汹的噶尔丹，康熙还是希望通过和谈的方式来解决。他多次告诉噶尔丹，当初土谢图汗攻打札萨克图汗是错误的，还让达赖喇嘛派出使者，大家一起在蒙古坐下来谈，让土谢图汗陈述自己的过失，劝说大家化干戈为玉帛，各自过好各自的日子。但是噶尔丹可不希望这样，他自恃实力雄厚，一心想要称霸蒙古，和清朝对峙，因此拒绝了康熙的建议。

　　对于如何铲除无法无天的噶尔丹，清朝内部也有不同的意见。有的说，劳师远征，不一定能打赢他，不如等他逼近京城再说。而大将军费扬古则坚决主张出兵抵御，他说："噶尔丹狼子野心，既入犯，其志不在小，讲和恐怕难以满足他的欲望，只有痛剿才是最好的办法。"康熙也倾向于用武力解决噶尔丹的问题。

　　为了彻底解决噶尔丹，康熙也做足准备。康熙二十八年（1689）八月，康熙派理藩院尚书阿尔尼借调解喀尔喀和厄鲁特矛盾之机，前往噶尔丹军中打探情况，获得大量军事情报。不久，又有人从自噶尔丹处逃出的俘房口中得知，噶尔丹率军沿克鲁伦河下游而去。为获得准确情报，康熙又派阿尔尼前去侦查，并对阿尔尼说："如果噶尔丹随喀尔喀而来，就调集兵马防御，并迅速上报。"康熙大量打探情报，详细了解噶尔丹的动向。

康熙还采取联络噶尔丹政敌，孤立噶尔丹的策略。在噶尔丹军中，策妄阿拉布坦管理博尔塔拉，还负责管辖哈密、吐鲁番二城，还负责噶尔丹后方的行政事宜。此人为僧格的长子，噶尔丹的侄子。表面看噶尔丹对他很器重，实际上二者有不可调和的矛盾。僧格被害时，策妄阿拉布坦年纪尚小，因此噶尔丹成为台吉。现在策妄阿拉布坦已经长大成人，但准噶尔部还是属于他叔叔噶尔丹的，这让他心怀不满。更早时，策妄阿拉布坦与和硕特部阿海订婚，结果噶尔丹霸占了阿海，强娶为妻，这对策妄阿拉布坦来说更是一种耻辱。随着他和兄弟索诺木阿拉布坦一天天长大，噶尔丹的戒心也越来越重。康熙二十七年（1688），噶尔丹趁策妄阿拉布坦不在，杀害了索诺木阿拉布坦，这让策妄阿拉布坦更加愤怒。他在父亲旧部的支持下，率兵出走，占据吐鲁番城。康熙知道后，马上派人慰问策妄阿拉布坦，并赏赐布匹。策妄阿拉布坦也答应和清朝结盟，一起对抗噶尔丹。

另一方面，虽然噶尔丹极力靠拢沙俄，但是沙俄和清朝签订了《尼布楚条约》，已经领教了清军的厉害，因此并没有对噶尔丹采取实质上的支持。

康熙二十八年（1689）十二月，噶尔丹再次率军东进，对蒙古部落展开新一轮的攻势。不久，他率众披荆斩棘，到达乌尔河上游巴彦乌兰山。为了阻止噶尔丹南下，康熙于第二年三月派左右大军向图拉河、克鲁伦河挺进，驻守边防。

康熙二十九年（1690），噶尔丹率4万大军沿克鲁伦河下游南下。六月，噶尔丹沿额尔古纳河前进，很快到达乌尔会河。康熙让阿尔尼紧随噶尔丹，不与其交锋，监视其行动即可。结果阿尔尼想着立功，居然率部抢先出击。

六月初六，阿尔尼派200余名蒙古勇士面对敌军的前锋部队，继而派喀尔喀兵500人从后方攻击护送牲畜的敌兵。然而双方还没交战，蒙古兵和喀尔喀就率先抢夺对方的牲畜，使得清军阵脚大乱。阿尔尼连忙下令撤军。之后，阿尔尼又下令继续进攻，结果厄鲁特军齐发鸟枪猛射，清军被吓得节节败退。噶尔丹趁势派另一支队伍从山上绕出，攻击清军的肋部，一时间清军死伤者不计其数。

初战失利，康熙勃然大怒，下令将违背旨意的阿尔尼革职，并迅速调动大军，希望能彻底歼灭噶尔丹入侵之兵。

读而时思之

经历了平"三藩"、收台湾、抗沙俄，在军事上，康熙也算是颇有经验了。此次面对噶尔丹这个野心家，你认为该如何去打这一仗？

·灭敌气焰，康熙亲征噶尔丹·

为了征讨无法无天的噶尔丹，康熙召集大臣宣布他决定亲征噶尔丹。康熙二十九年（1690）七月初二，康熙分兵两路：左路由抚远大将军福全率领，出古北口；右路由安北大将军常宁率领，出喜峰口，康熙亲自带兵在后面指挥，索额图等人带兵绕至噶尔丹的侧后方；最后准备一队人马随时伺机攻打噶尔丹，并听候差遣，无论噶尔丹跑到哪里，都有清军等待着他。

七月二十日左右，福全率领大军到达了乌兰布通附近。为了周全，福全给噶尔丹写了一封信，约噶尔丹谈判。福全认为现下清军大军出动，用武力威慑噶尔丹，噶尔丹没有不屈从的道理，然而令福全

康熙帝戎装像

乌兰布通古战场

没想到的是，噶尔丹却在利用这个机会积极备战。噶尔丹一边假装答应谈判以拖延时间，一边又加紧备战，等备战得差不多时，噶尔丹要求必须把土谢图汗和哲布尊丹巴交给自己才行。康熙听到噶尔丹的条件，就知道他没有和谈的诚意，那就只有用武力解决问题了。

就在此时，康熙突然病倒了，高烧不退。大臣们跪求康熙回京调养身体。康熙不同意，为了这一天，他已经等了很久，也付出了太多。噶尔丹远在千里，出兵征讨非常困难，现在他自己带兵过来了，远离大本营，根本就没有后续部队和后援。可惜的是，康熙的病情越来越重，不得不返回京城。临走前，他对前线的进攻、联络以及供应等细节做了详细的部署，并给军队增加了炮兵以及鸟铳。

八月初一，大战的序幕终于拉开了。噶尔丹的帐篷在一座山峰的顶上，向下俯瞰。前面的地形十分复杂，河流、丛林、沼泽，应有尽有。在这片复杂的地形上，噶尔丹摆了一种奇特的阵形，噶尔丹命人将成千上万的骆驼趴在地上摆了一座"驼城"，骆驼的四条腿被绑着动弹不得，老老实实地趴着。驼峰上面放着木箱，箱子上面蒙上一层浇湿了的毡毯。蒙古兵透过木箱之间的空隙向河对岸的清军开火，噶尔丹为此费了不少心思。

清军非常疑惑，不清楚噶尔丹这是做什么，而噶尔丹很满意自己的杰作，想通过"驼城"阻挡清军渡河，与清军对射。但很快，噶尔丹就陷入了苦战，对射是没错，他用的是火枪，清军用的是大炮！炮声隆隆，响声震天动地，驼城被打开了缺口。清军的步兵骑兵一起冲杀过去，福全又派兵绕出山后夹击，噶尔丹的军队被杀得七零八落，纷纷丢了营寨逃走。

第二天，噶尔丹一看形势不利，赶快派个喇嘛到清营求和。康熙不在，军中大事由福全负责，福全怕得罪西藏喇嘛，下令停止追击，并派人向康熙请示。康熙赶紧急令："快进军追击！别中了贼人的诡计。"果然，噶尔丹求和只是缓兵之计，等清军奉命追击的时候，噶尔丹已经带着残兵逃到漠北去了。康熙非常不悦，如果当时自己在，一定不会放噶尔丹逃跑!

　　噶尔丹为了防止清朝追击,放火烧了途经的草原,并放弃了所有辎重。此次乌兰布通战役虽然以清军的大捷为结局,但康熙并没有达成他想要的结果。

　　噶尔丹在乌兰布通打仗的时候,当初被噶尔丹夺妻、迫害的侄子策妄阿拉布坦带兵攻入他的老巢,抢走了他的老婆、子女,还有大量玉帛牛羊。

　　得到这个消息后,康熙马上派人到了吐鲁番,送给策妄阿拉布坦一大堆礼物来笼络他,这相当于在噶尔丹的大后方安插了一枚钉子,康熙又和漠北蒙古、内蒙古四十九旗的首领见面,软硬兼施之下收服了这些人。

　　在这种情况下,噶尔丹本应该踏实点了,但他依然不死心。噶尔丹回到漠北,表面向清朝政府表示屈服,暗地里重新集结力量。康熙三十三年(1694),康熙约噶尔丹会见,订立盟约。噶尔丹始终置若罔闻,还暗地派人到漠南煽动叛乱,扬言他们已经从沙俄借到鸟枪兵6万,将大举进攻,内蒙古各部亲王纷纷向康熙告发。康熙大怒,这时收到了噶尔丹的一封信,噶尔丹说他兵败逃跑的时候,没带上他的一拨人,现在要求康熙把这拨人还给他。康熙彻底恼火了:这个噶尔丹,必须干掉!

读而时思之

　　此战清军虽然获得胜利,却让噶尔丹逃跑了。接下来,康熙要对噶尔丹采取什么样的策略?

·再次亲征，歼灭噶尔丹精锐·

噶尔丹兵败乌兰布通后反复立誓，表示"不犯中华皇帝属下喀尔喀以及众民"，但康熙深知噶尔丹的秉性，始终保持着对他的高度警惕，康熙部署兵力于张家口、独石口、大同和宣府等地，随时防范噶尔丹卷土重来。同时命令边防将领时常派人打探噶尔丹的行踪，并不失时机地继续用和谈与噶尔丹周旋。

噶尔丹在乌兰布通惨败后，极其穷困，四处掠夺，但收获不大。为生计所逼，他不得不向清朝政府乞赐白银，以解燃眉之急，清廷议政王大臣用"无赐白金之例"一口回绝了他。康熙为了让噶尔丹不再作乱，批复赠予白银千两，同时，多次派遣大臣前往噶尔丹处劝降，许诺优厚的待遇和封地。

噶尔丹也使用两面手法，同朝廷对抗。他以进贡为幌子，派遣官员率领男女两千多人来到清军防地，明着是为了修好关系，实际上是安插这些人探听清军虚实。他还狂妄地向清政府索取土谢图汗与哲布尊丹巴，这些无理要求，都受到康熙的严厉斥责，噶尔丹却置若罔闻，不断挑起事端。清员外郎马迪奉旨前往策妄阿拉布坦处，在离哈密城五里的地方，突然遭到噶尔丹部的袭击，马迪、笔帖式和拨什库等人被杀，马驼行李全被劫去。

后来，噶尔丹又兴风作浪，挑战清朝的权威，这下子康熙决定再"揍"他一次。

康熙认为："噶尔丹一日不灭，则边陲一日不宁。"因此，康熙力排众议，决定再次亲征，他后来回忆当时的情况时说："昔朕欲亲征噶尔丹，众皆劝阻，唯独费扬古言其当讨。后两次出师，皆朕独断。"

康熙三十五年（1696），康熙下诏，再次亲征噶尔丹。他调动 10 万大军，分东、西、中三路，出师剿灭噶尔丹。东路军由黑龙江将军萨布素率领东三省之兵沿克鲁伦河进征；西路军由抚远大将军费扬古统帅振武将军孙思克、扬威将军舒恕、安西将军傅霁等领陕甘官兵出宁夏，向土拉进发；康熙统领中路军，由独石口出发北进，与费扬古相约会师于土拉。

行军过程中，康熙事无巨细，事必躬亲，做到细心体察、具体指示。康熙时刻关心士兵和战马的休息情况。每逢行李运输迟缓、士兵们无法安营，他不到五更就起身，亲自督促运输兵丁行李的驼队早点出发，以快点将行李送到营地。沿途遇到降

《北征督运图》

雨，每到营地，康熙总是等士兵们扎好帐篷进去后再进帐休息。这些使士兵深受感动，全军士气高涨。

在无边无际的沙漠草原的征途中，康熙写下了《瀚海》一诗：

> 四月天山路，今朝瀚海行。
>
> 积沙流绝塞，落日度连营。
>
> 战伐因声罪，驰驱为息兵。
>
> 敢云黄屋重？辛苦事亲征。

康熙对部分大臣的怯懦退缩进行了严厉的斥责。康熙的中路军到了科图，遇到了敌军前锋，但东、西两路还没有到达，这时候，有人传言俄国将要出兵帮助噶尔丹。大臣佟国维、索额图、伊桑阿等劝说康熙班师回京，只留西路兵进剿。康熙气愤地说："我这次出征，没

有见到叛贼就退兵，怎么向天下人交代？我中路一退，叛军全力对付西路，西路不是危险了吗？"康熙召集大臣开会，他当众告诫大臣们，再有人说退兵的事，直接斩首。

大军渐渐逼近噶尔丹驻地。这时，西路军因进入戈壁沙漠后，人畜相继死亡，尤其是原有水草的地方已被噶尔丹烧毁，数百里范围内，全是一片灰烬，部队不得不绕道而行，延误了行期，导致不能与中路军如期会师于土拉。

因此，近侍大臣们的意见产生分歧，有的认为中路军应等待西路军，两方夹击；有的认为等待西路军，必将拖延时间，到时候噶尔丹听到消息肯定会逃跑，以中路大军剿灭噶尔丹虽然兵力不足，但可以一面乘敌不备、前往袭击，另一面催促西路军加快速度。康熙听取多方面的意见后，经过深思熟虑，决定一面派兵追击，一面赶快通知西路军大将费扬古，要他们在半路上截击。

五月初，清官员多禅、阿必达等人走到克鲁伦河，遇到厄鲁特丹济拉带领的一千余人来截取马群，清侍读学士殷扎纳陪同带来的厄鲁特人等迎上前去，殷扎纳上前斥责丹济拉："你们怎么这样无理，皇上亲自率军前来，西路大军费扬古从土拉正在赶来的路上。"厄鲁特人俄齐尔也立刻告诉丹济拉："康熙亲自率军前来。"

丹济拉顿时惊慌失色，急忙领了敕书，带领部众飞快回去转告噶尔丹。噶尔丹听到消息惊恐万分。当时，清朝大军已抵达克鲁伦河，噶尔丹亲自到孟纳尔山遥望，看到御营中挂着龙旗，放着皇帝乘坐的车子，御营四周有帷幕围起来的皇城，其外又有网城，军容如山，噶尔丹惊呼："兵从天降。"立即传令部队，放弃庐帐器械、甲胄和老幼病残，拔营逃跑。

康熙听到噶尔丹逃跑的消息，立刻命令侍卫内大臣马思哈为平北大将军，率领轻骑兵飞速向巴颜乌兰追击，又传令费扬古迅速领兵截击噶尔丹的退路，康熙亲自统大军追到拖诺山下。

噶尔丹带兵奔走了五天五夜，到了昭莫多，正好遇到费扬古军。

昭莫多原是一座大树林，前面有一个开阔地带，历来是漠北的战场。费扬古按照康熙的部署，在小山的树林茂密地方设下埋伏，先派先锋400人诱战，边战边退，把叛军引到预先埋伏的地方，清军先下马步战，听到号角声起，就一跃上马，占据了山顶。叛军向山顶进攻，清军从山顶放箭发枪，展开了一场激战。费扬古又派出一支人马在山下袭击叛军辎重，前后夹击，叛军死的死、降的降。这一战，噶尔丹全线崩溃，清军斩杀敌军3000人，俘获其部子女、牛羊、辎重甚多。最后，噶尔丹只带了几十名骑兵脱逃。

这次昭莫多之战，清军全歼噶尔丹精骑，对平定噶尔丹具有重大意义。康熙接到捷报后立即命令费扬古留防科图，保护喀尔喀游牧地。康熙班师回到归化城，亲自犒劳西路凯旋大军。六月，康熙返回京城。

"纵横交织"得感悟

康熙这次亲征，率军取得昭莫多战役的胜利，几乎消灭了噶尔丹军的有生力量，而后，噶尔丹退回到塔米尔河流域，成为一群散兵败将。自此，噶尔丹再也无力和康熙叫板。

·帝王铁血，灭噶尔丹平漠北·

噶尔丹经过两次惨败，精锐丧尽，牲畜财产所剩无几。他在伊犁的根据地也被策妄阿拉布坦占据，阿尔泰山西诸部、天山南路的回部、青海、哈萨克等地也先后摆脱了他的控制。噶尔丹现在是穷途末路：西归伊犁，噶尔丹怕被策妄阿拉布坦吞没；南投西藏，路途又太遥远；北赴俄罗斯，又怕俄国不敢接纳。因此，噶尔丹选择在塔米尔河流窜。

随着噶尔丹的处境越来越困难，跟随他的部下大多老弱，他们除了为数不多的马驼外，没有牛羊，只能依靠捕兽为食，甚至吃起了草根，不少人冻死、饿死。因此厄鲁特诸台吉纷纷离去，自谋生路，投降清军的人越来越多。康熙三十五年（1696）九月，向噶尔丹纳贡的西赖古尔黄番、黑番等人以及噶尔丹派遣督促缴纳贡物的厄鲁特达尔汗寨桑卜尔奇等7400余人，投降清政府。十一月，厄鲁特布达里、塞桑诺尔布等人也都先后归附。

穷困至极的噶尔丹派遣格垒沽英等20人来清政府乞降，康熙命格垒沽英入朝相见，向格垒沽英历数了噶尔丹屡次挑起战争的罪行，指出噶尔丹到今天完全是咎由自取，并要求格垒沽英毫无隐瞒地说出噶尔丹派人前来的目的。康熙深知噶尔丹的狡诈，不能相信，指出：噶尔丹穷迫已极，趁着这个机会，要迅速剿灭，不能给他机会。同时康熙用最大的耐心继续采取招抚办法，用和平方式来解决清朝政府与噶尔丹之间的矛盾。康熙对噶尔丹派遣过来的使者说，限期让噶尔丹亲自过来投降，如果70天没有消息，就将出兵讨伐。

噶尔丹还是不想投降，但当时噶尔丹部属大都主张归降清朝政府。有一天，噶尔丹和他的部下格垒沽英、丹济拉、阿巴、吴尔占扎卜等人坐在一起饮酒。吴尔占扎卜对噶尔丹说："我们去年冬天因为萨克萨特呼里克的野兽多，所以住在这里。现在野兽逃散，生活困难，如果投降清朝，可以靠近边汛地居住，如果不投降，就要另想办法了，不能坐以待毙啊。"噶尔丹无言以对，格垒沽英也曾多次劝噶尔丹投降，丹济拉也劝过，噶尔丹都没有答应。丹济拉背地里派部属常达偷偷地去见清朝使者博什希，表示自己愿意归降。格垒沽英深知噶尔丹没有投降的意思，却又要派他出使清朝政府，于是他就带着妻儿投奔了清朝。后来，噶尔丹再次派遣喇木札卜随清员外郎博什希前往清朝求和，噶尔丹的使者及其一家人又都投降了清朝，此时噶尔丹成为真正的孤家寡人了。

这幅图卷是描绘清兵平定准噶尔叛乱的历史画卷。所示图片为"伊犁河"与"大营"的受降场面。

康熙非常注重如何妥善安置这些被俘或归降的厄鲁特部众，康熙三十五年（1696）十月，康熙命令内大臣特派一位大臣留在归化城主持接收和安置厄鲁特俘虏和投降的人，丹巴、哈什哈、沙先朱坡等人先后率家眷、部属前来投诚，康熙除了给予官职，还对来降众人中有子女被清军俘获的，经过查明，让他们的父母兄弟夫妇团聚。

康熙优待俘虏和投降的人，对分化瓦解敌人起了很大作用。为了根绝噶尔丹的民族分裂势力，康熙三十五年（1696）九月，康熙再次前往归化城，召大将军费扬古策划第三次军事征剿。同时命令策妄阿拉布坦和青海诸台吉协助政府擒捕噶尔丹，同时派遣使者分别赶往厄鲁特各部去做劝降工作，命令边汛将领和蒙古诸部密切注视噶尔丹的动向，随时上报。

康熙三十六年（1697），康熙亲自赶往宁夏，命费扬古、马思哈两路进军，扼住噶尔丹向外逃跑的必经之路，使噶尔丹龟缩在塔米尔河流的萨克萨特里克。噶尔丹想要投奔西藏，但听说甘肃有清兵把守，走到萨哈萨免呼鲁就不敢再前进，因为没有了粮饷，就派遣他的儿子塞卜腾巴尔珠尔去哈密征集军粮，但是塞卜腾巴尔珠尔走到半路就被维吾尔部族擒获。

此时的噶尔丹已是众叛亲离，忠于他的丹济拉也与他脱离关系，两次相召，丹济拉都没有理睬。噶尔丹又派人去召唤另一个亲信杜哈尔阿拉布坦，杜哈尔阿拉布坦反过来夺走了来人的马驼。其他厄鲁特喀尔喀各部，或争先充当向导带领清军深入平叛，或搜集噶尔丹动向，及时上报，还有的出兵配合清军征讨。噶尔丹现在四面楚歌，身边仅剩下几个人跟随，听到清军到来的消息，逃脱无望的他，于三月十三日在阿察阿穆塔台自杀。至此，噶尔丹势力终于覆灭。

康熙三次亲征，深入沙漠，终于平定了噶尔丹这名好战分子，同时以和睦亲善的民族政策，妥善地处理了清朝政府与蒙古诸部的关系，实现了统一漠北蒙古的目的，使北方边境得以安定。康熙三十六年（1697），清廷遣送喀尔喀各部重新返回自己原来的牧场，又在科布多、乌里雅苏台等地派驻将军和参赞大臣，进一步加强对蒙古的统辖。

平定噶尔丹后，康熙对蒙古采取怀柔和解政策，使蒙古各部团结在一起，在北疆筑起一道抗击沙俄入侵的铜墙铁壁，使之成为比长城更为坚固的防御力量。

对于蒙古问题的解决，康熙帝是这样总结的："昔秦兴土石之工，修筑长城。我朝施恩于喀尔喀，使之防备朔方，较长城更为坚固。"有历史学家评述，康熙在处理蒙古事件的过程中，展现了一代帝王的雄才大略、雄图远谋和雄伟气魄。

·怀柔政策，北疆长城终筑成·

中国历史上，历朝为了稳定边疆，防止异族入侵，都在北部修建长城，但康熙没有这么做。康熙说："本朝不设边防，以蒙古部落为屏藩耳。"平定噶尔丹后，康熙采取民族和解政策，团结蒙古各部，让他们在北疆筑成一道抗击沙俄入侵的铜墙铁壁，这股力量比长城更加坚固。

战争结束后，蒙古各部只有准噶尔部策妄阿拉布坦仍然和清廷保持朝贡关系，其他各部都得到了统一。为了管辖和治理蒙古，康熙推行了一系列措施，包括盟旗制度、振兴黄教政策、与蒙古上层世代联姻等。

盟旗制度不是康熙首创的，在皇太极时期就有了。那时候皇太极为了对付明朝，和漠南蒙古形成友好关系，在漠南蒙古分旗设盟，并设理藩院进行管理，形成了盟旗制度。清军入关后，清朝皇帝继续推行盟旗制度。康熙深知这一制度对加强中央集权的好处，所以继续推行这一制度，并将此制度推行到漠北喀尔喀蒙古。

喀尔喀蒙古两翼长期处于争端之中，为了缓和矛盾，康熙二十五年（1686），康熙派理藩院尚书阿尔尼与达赖喇嘛代表一起前往漠北举行会盟，以解决喀尔喀蒙古两翼的纠纷。经过调解，双方表示遵从康熙帝的旨意，和睦相处，还达成了盟誓。会盟后，将喀尔喀蒙古编十四旗。但之后不久，噶尔丹异军突起，掠夺喀尔喀各部，为了维护国家主权，保护喀尔喀属民，康熙帝果断接收喀尔喀遗民，将他们安置在漠南苏尼特、乌珠穆沁、乌拉特等地游牧。

康熙二十九年（1690），清军取得乌兰布通战役胜利，康熙重申喀尔喀蒙古与清廷的而关系，并在第二年四月于多伦再次举行会盟，以团结蒙古各部，孤立噶尔丹。康熙命理藩院尚书阿尔尼等人前往喀尔喀蒙古分编佐领，拨给游牧地方，增编至四十二旗。清军消灭噶尔丹后，喀尔喀蒙古各部回到故土，康熙根据其贵族战功及在战争中支援清军牛马羊的情况，又增了旗。到康熙末年，喀尔喀蒙古达六十九旗。

除了推行盟旗制度，康熙继续延续清朝先帝"兴黄教即所以安众蒙古"的国策。清朝尊重蒙古民众的宗教信仰，加强蒙古各部的团结。

喀尔喀蒙古地区最重要的转世活佛被称为哲布尊丹巴，在多伦会盟中，康熙特封哲布尊丹巴为大喇嘛，掌管漠北黄教事务。哲布尊丹巴返回漠北之前，从康熙三十年（1691）到三十四年（1695），每年秋天都率蒙古贵族到木兰围场朝见康熙帝。

喀尔喀蒙古返回漠北后，朝廷拨白银 10 万两，兴建库伦庆宁寺，该寺成为漠北宗教中心。康熙三十六年（1697），康熙命格鲁派最大转世活佛章嘉呼图克图居多伦汇宗寺，后又为他建多伦善因寺。康熙四十四年（1705），康熙又命章嘉总管蒙古、京城、盛京、热河、甘肃及五台山等地的黄教寺院。这样一来，确保了蒙古各部的宗教信仰，加强了管理。

在康熙对蒙古进行的各项怀柔政策中，最值得称道的就是他继承了与蒙古联姻的政策。满蒙通婚是清代的基本国策，满人早在清朝入关前，就与漠南蒙古贵族联姻，将公主和皇室宗女嫁给蒙古王公，并

多伦汇宗寺

娶蒙古贵族之女为妃子。康熙即位后，先后将自己的四个公主、一个侄女和多个孙女以及宗室的女儿出嫁到蒙古，组成政治联姻。蒙古各部成为清廷"结以亲谊，托诸心腹"的依靠力量。康熙三十六年（1697），康熙第六女和硕恪靖公主与喀尔喀蒙古土谢图汗联姻，康熙牢固地将土谢图汗部掌控在自己手中。此后，康熙的孙女、皇十三子胤祥之女和惠公主下嫁喀尔喀左副将军、亲王丹津多尔济的长子多尔济色布腾；康熙第十女和硕纯悫公主下嫁喀尔喀蒙古赛音诺颜部部长善巴的堂弟策棱，授其和硕额驸，赐贝子爵位。

平定噶尔丹后，康熙将联姻的目光推向漠西蒙古。早在康熙六年（1667），厄鲁特蒙古和硕特部就与清廷联姻。消灭噶尔丹后，康熙进一步对厄鲁特蒙古实行怀柔政策。噶尔丹之子塞卜腾巴尔珠尔被俘时年仅 14 岁，康熙四十五年（1706），康熙命阿达哈哈番觉罗长泰之女嫁给他。噶尔丹的侄孙丹津阿拉布坦之策凌旺布、塞卜腾扎布，都和清朝皇室结为亲家，被封其为和硕额驸。

"纵横交织"得感悟

　　康熙在漠北和漠西推行联姻制度，团结了蒙古各部的王公贵族，对稳定北部边防和西北边疆产生重要影响。通过各项怀柔政策，康熙对蒙古恩威并施，加强了蒙古诸部和清王朝的联系，在北方筑起了一道遏制沙俄入侵的坚固城墙。

第七章

振兴黄教，进兵安藏

西藏与其他地区权力构成不同，采取政教合一的统治形式。从清朝初期，西藏与清廷的关系一直都是很好的，但是在西藏内部教派之间，西藏与蒙古各部落时常出现矛盾，这在康熙时期尤为明显。康熙帝从维护国家统一和地方安定的角度，用他的智慧，合理解决了西藏问题，为中华民族版图的完整做出了巨大贡献。

◆尊崇达赖，西藏的形势暂明◆

康熙平定"三藩"，收复台湾，又征服了噶尔丹，此时的清朝呈现出空前稳定的局面，中央集权也达到了顶峰。就在讨伐噶尔丹的过程中，康熙发现西藏存在一定的问题。

西藏旧称吐蕃，自元朝起由藏传佛教掌握统治权。藏传佛教分不同的教派，主要分为黄教和红教。黄教为明朝初年宗喀巴所创。当时黄、红两教势力较大，各以前后藏为基地。宗喀巴圆寂后，他的弟子克珠杰为第一世班禅，另一弟子根敦朱巴为第一世达赖。后实行"灵童"转世继承的制度。红教为了恢复原有的地位，在宗喀巴去世后，联络喀尔喀蒙古到青海一带扫除黄教势力。黄教为了生存，只得向厄鲁特蒙古求助。厄鲁特蒙古的和硕特部首领固始汗便移帐青海，与支持红教的喀尔喀蒙古进行斗争，结果固始汗获胜。

清朝历代皇帝都很尊重达赖喇嘛。在清朝，达赖是西藏的政治、宗教领袖，而且他所推行的教派得到蒙古各部的普遍信仰。和他们建立好关系，不仅可以稳定西藏，还可以安抚蒙古，对扩大和维护清朝的统治具有积极意义。

早在崇德四年（1639）十月，皇太极就和西藏保持联络。固始汗联络达赖、班禅以及藏巴汗，共同遣使朝贡，称皇太极为"曼殊师利大皇帝"，受到皇太极的热情接见。

清朝初年，信仰黄教的地区和人口相当广泛，黄教在漠北、漠南蒙古以及西藏等地区威信很高。很快，五世达赖阿旺罗桑嘉措在固始汗的支持下自任西藏法王，还命人在拉萨重建布达拉宫。完工后，五世达赖就移居布达拉宫，并以拉萨作为西藏首城。

固始汗

顺治四年（1647），达赖、班禅各遣使献金佛、念珠，表颂功德，次年，顺治派使者携书问候达赖，并敦请其前来。顺治九年（1652），五世达赖到京城觐见，顺治帝出城迎接，令达赖心存感激。顺治帝先后在太和殿设宴款待五世达赖，不行君臣之礼，双方没有尊卑之分。

五世达赖到达北京的当天，顺治帝就赐予其九万两白银，临别时，顺治帝又赏赐黄金150两，白银1.2万两，绸缎100匹，另外还赏赐了很多贵重物品。第二年，在五世达赖喇嘛返藏的途中，清廷又派礼部尚书觉罗郎球和理藩院侍郎席达礼为首的官员携带刻有满、蒙、藏、汉四种文体的金册、金印赶到代噶，正式册封五世达赖为"西天大善自在佛所领天下释教普通瓦赤喇怛喇达赖喇嘛"，同年，又册封手握西藏军政大权的和硕特部首领固始汗为"遵行文义敏慧固始汗"，通过两次册封，在确定了西藏地区宗教领袖和政治领袖的同时，清廷实现了对西藏的间接统治。

到了康熙时期，康熙本人恪守前人定下的方略，不时遣使前往西藏慰问达赖、班禅，赏赐贵重礼品。他还规定从税收中每年拨款5000两白银给达赖作为僧众养赡，另外每年赐给班禅50大包茶叶，作为寺院僧众熬茶之用。

康熙尊重黄教和达赖喇嘛，但不会盲目迁就达赖的个人意志和行为，而主张以宗喀巴道法为准绳，团结与统一藏蒙各派势力。

固始汗于顺治十一年（1654）去世，继任者达赖汗生性懦弱，这给了黄教夺取西藏政权的机会。康熙七年（1668），达赖汗和第巴陈列嘉措相继去世，随后五世达赖掌握了第巴的权力。第二年八月，五世达赖将自己的亲信罗桑金巴提拔为第巴，之后接任的是五世达赖提名的桑结嘉措。

桑结嘉措与当时在西藏的噶尔丹都拜五世达赖为师，关系紧密。之后噶尔丹回到厄鲁特后，双方暗中勾结，这引起康熙的担忧，康熙对此予以指责。康熙二十一年（1682），五世达赖圆寂。桑结嘉措选了与五世达赖相貌近似的一个喇嘛，让他穿上五世达赖的衣服，坐在布达拉宫的宝座上，对外宣称达赖要长期静坐，修炼密法，一切事情由第巴代理。

桑结嘉措

康熙三十二年（1693），第巴桑结嘉措为了骗取康熙的信任，上疏请封，当时康熙并不知道五世达赖已死，出于尊重，康熙封桑结嘉措为土伯特国王，授予金印。这之后，第巴继续包庇噶尔丹，还上奏清廷要求不要革除噶尔丹的汗位，还公然要求清廷撤走青海等处的守军。康熙对此予以严厉驳斥，并一针见血地指出他这是在包庇噶尔丹。

　　深受五世达赖信任的桑结嘉措居然和噶尔丹蛇鼠一窝，这是令康熙万万没有想到的。一般来说，对康熙阳奉阴违的，下场都不会太好。你认为康熙将会怎么应对这个局面？

·化导悖乱，加强西藏的管辖·

　　康熙三十五年（1696），清军大败噶尔丹于昭莫多，康熙从缴获的物品中发现第巴桑结嘉措与噶尔丹来往的文书，又从投降的战俘中得知五世达赖早已圆寂的消息，勃然大怒。八月，康熙派人带着手谕揭发第巴桑结嘉措勾结噶尔丹、欺骗朝廷的罪行。对于阳奉阴违的第巴桑结嘉措，康熙指出其"阳则奉宗喀巴之教，阴则与噶尔丹朋比，欺达赖喇嘛、班禅胡土克图而坏宗喀巴之教"，先后两次派理藩院主事携带诏书前去质问，并勒令第巴桑结嘉措将问题交代清楚。

　　诏书中，康熙首先责问，五世达赖早已经去世，为何不向中央报告。其次，质问第巴桑结嘉措为何与噶尔丹狼狈为奸，帮助其兴风作浪，为何派往噶尔丹的济隆活佛不但不劝阻反而助纣为虐；在噶尔丹战败时，为何帮助噶尔丹逃脱；命令其将济隆活佛迅速押送到北京治罪。再次，为何五世达赖去世后，不请五世班禅主持格鲁派事务，当政府邀请五世班禅进京时，为何以噶尔丹前来追杀来恐吓班禅，阻挡班禅进京；命令其请五世班禅主持格鲁派事务，并让五世班禅进京朝见。最后，速将嫁给青海和硕特部博硕克图济农之子的噶尔丹之女押送北京。

康熙在诏书中展现了很强硬的态度。当时蒙古各部归顺清廷，削弱了西藏政权的军事依靠，五世达赖的圆寂和桑结嘉措的行为导致西藏对蒙古的宗教凝聚力受到影响，康熙认为，清廷要加强对西藏的管辖，这是个成熟的时机。

桑结嘉措不敢耽搁，对康熙的诏书迅速做了回复：第一，五世达赖圆寂已经16年了，因为当时形势艰难，为了防止西藏发生变乱，就没敢发丧，现在六世达赖已经15岁了，恳请皇帝在六世达赖坐床典礼前对此事保密；第二，济隆活佛有罪，西藏地方已经革去他主持大喇嘛之位并抄没了他的家产，现在已经将他解送北京，希望皇帝开恩，不要处死他；第三，五世班禅迟迟没有进京的原因是噶尔丹派遣的使者言语恫吓导致的，现在商议班禅去北京的日子，等到定下来再禀明皇上；第四，噶尔丹的女儿与博硕克图济农的儿子是在噶尔丹攻打喀尔喀之前订的婚，他们结婚也在噶尔丹作乱之前，请皇帝开恩不要将噶尔丹的女儿押送北京治罪，以免他们夫妻离散。

随后，桑结嘉措又派使者进京向康熙密奏五世达赖逝世以及六世达赖转世和坐床的详情，祈求进一步得到康熙的谅解。为了蒙古各部的团结和西藏局势的稳定，康熙宽恕了第巴桑结嘉措的罪行。

康熙最后还是以和为贵，没有要求桑结嘉措践行全部的要求，济隆活佛被押送到北京后遭到软禁，不久病死。康熙三十六年（1697），康熙派遣理藩院主事保住等人再次进藏，并命令他们对小达赖喇嘛的事情弄明白后回奏，这也是清廷对扩大西藏事务管理权的一种表现。同年，康熙在保和殿接见固始汗之子青海达什巴图尔台吉，赞扬了他对朝廷的忠诚。第二年的正月，康熙赐封达什巴图尔台吉为亲王，分别封随他而来的其他台吉为贝勒、贝子，命他们同游五台山，并赏赐马驼等，并派官员护送他们回青海。

从此，青海众台吉开始摆脱对达赖喇嘛和分裂势力的依赖，并帮助清廷对安定西藏做出重要的贡献。

　　面对欺骗自己的第巴桑结嘉措，康熙虽愤怒，但也没有将他治罪，而是下诏书问他为何这样做，在中国古代皇帝中，康熙可谓气度非凡了。从康熙在西藏管理中的表现来看，你认为康熙还具有哪些优秀的气质？

·真假达赖，西藏统治权之争·

　　西藏的问题包括西藏内部教派之间的矛盾以及对西藏产生过深刻影响的蒙古各部之间的矛盾斗争。首先，西藏地方势力和硕特汗之间存在着争夺西藏统治权的斗争；其次，固始汗死后，青海众台吉和硕特汗为争权夺位而出现矛盾；最后，青海众台吉之间也时有分歧。这些矛盾和分歧，在特定时间内体现在拥戴哪个达赖上，拥立不同达赖的派系都说自己的达赖是真的、对方是假的，因此就产生了真假达赖的问题。

　　第巴桑结嘉措在康熙三十六年（1697）公布五世达赖去世的消息，同时宣布转世灵童已经找到，这就是在康熙二十二年（1683）降生，已经 15 岁的仓央嘉措。第巴桑结嘉措正式迎仓央嘉措到布达拉宫坐床，成为六世达赖喇嘛。康熙授给印信、册文，予以承认。

　　然而，和硕特部首领拉藏汗却强烈反对，将仓央嘉措视为假达赖喇嘛，导致拉藏汗与第巴桑结嘉措关系日益恶化，最后发生了军事冲突。康熙四十四年（1705），拉藏汗以青海蒙古骑兵与第巴桑结嘉措在拉萨大战，杀掉第巴桑结嘉措，拉藏汗另立隆素为第巴，向康熙禀报了假达赖喇嘛的事情和经过，说仓央嘉措不是真的达赖灵童，此人沉迷于酒色，不守清规，应该给予废除。

难题摆到了康熙面前。鉴于第巴桑结嘉措在吴三桂叛乱、噶尔丹骚乱期间的种种表现，康熙觉得通过拉藏汗来稳定西藏局势似乎是个不错的选择，于是就册封拉藏汗为"翊法恭顺汗"，赐金印。既然有人指出仓央嘉措是假的达赖喇嘛，如何处置也是个大问题。当时一种意见是将其拘送到京，另一种意见是原地处置。

康熙说："朕意以众蒙古俱倾心皈向达赖喇嘛。此虽系假达赖喇嘛，而有达赖喇嘛之名，众蒙古皆服之，倘不以朝命遣人往擒，若为策妄阿拉布坦迎去，则西域、蒙古皆向策妄阿拉布坦矣。"于是，拉藏汗便将仓央嘉措押赴北京，但在途中仓央嘉措就离奇失踪了，有的说行到西宁口外病故，有的说途中被害，有的说到五台山为僧，还有的说"舍弃名位，决然遁去，云游四方"。

康熙四十六年（1707），拉藏汗又与新上任的第巴隆素选立波克塔山的阿旺伊西嘉措，迎到布达拉宫坐床，为六世达赖喇嘛。康熙下旨说："拉藏汗所立达赖喇嘛，经问班禅胡土克图，确知真实，应无庸议，予以承认。"康熙四十九年（1710）三月，康熙册封阿旺伊西嘉措为达赖喇嘛，给予金册、金印。然而，事情远远没有结束，又出了麻

人物档案

仓央嘉措（1683—1706年），门巴族，藏传佛教格鲁派大活佛，法名罗桑仁钦仓央嘉措，诗人。于康熙二十二年（1683）生于西藏南部门隅纳拉山下宇松地区乌坚林村的一户农奴家庭，家中世代信奉宁玛派佛教。康熙三十六年（1697）被桑结嘉措认定为五世达赖的转世灵童，同年在桑结嘉措的主持下在布达拉宫举行了坐床典礼。康熙四十年（1701），陷入拉藏汗和桑结嘉措的冲突。康熙四十四年（1705）被废，此后下落不明，一说在康熙四十五年（1706）的押解途中圆寂。

烦。

拉藏汗新选出的达赖喇嘛阿旺伊西嘉措，不被西藏多数僧侣以及青海诸蒙古所承认，他们认为这也是假的达赖，此后十多年的时间中，西藏都未予以承认，青海蒙古台吉与拉藏汗的矛盾依然尖锐。拉藏汗后来在变乱中被杀，阿旺伊西嘉措最终被囚禁于拉萨药王山。

青海众蒙古台吉不相信阿旺伊西嘉措，而另奉理塘的格桑嘉措为达赖喇嘛。康熙五十三年（1714），青海贝勒戴青等上奏康熙，声称："理塘地方新出格桑嘉措，是真的达赖喇嘛转世，恳求册封。之前班禅胡土克图及拉藏汗拥立的是假的。"

康熙头又疼了，一个达赖喇嘛，怎么那么多真真假假？根据当前形势分析，康熙认为青海众台吉和拉藏汗都是固始汗的子孙，应该保持永远的和睦，应当采取调和态度，促进各部团结，稳定青海局势。首先，康熙派官员前往班

~人物档案~

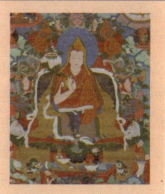

格桑嘉措（1708—1757），出生地在现今四川省甘孜藏族自治州理塘县。9岁到青海省湟中县塔尔寺，由诺门汗阿旺·罗桑丹贝坚赞授善士戒。13岁时被康熙帝册立为达赖喇嘛，护送到拉萨坐床，拜五世班禅为师，受沙弥戒，取法名罗桑·格桑嘉措。20岁时受比丘戒。因西藏局势动荡，曾移住现今四川省境内的惠远庙。27岁时被护送回西藏。1757年（藏历十三绕迴火牛年），在布达拉宫圆寂。

禅处，问格桑嘉措的真假。第二年，班禅回信说理塘那个肯定是假的。随后，康熙命侍卫阿齐图传集青海两翼诸贝勒、台吉等会盟，宣示皇上仁爱之意及班禅送来的印文，为避免以武力送格桑嘉措往西藏，强行登上达赖喇嘛禅榻而引发动乱，康熙命令将格桑嘉措送到西宁口内寺庙居住，置于清军控制之下。

同时，康熙还做出军事部署，选拔驻扎西宁的西安满洲兵500名，令侍卫阿齐图、护军参领钦第由，前往青海西北形势要地噶斯口

防守，以防策妄阿拉布坦派人侵扰青海。格桑嘉措被清军护送到拉萨布达拉宫坐床。

各种势力和派别都力图拥立自己选定的达赖喇嘛，为己所用，增己实力，争取僧众，强过对手。康熙为稳定边疆局势，防止策妄阿拉布坦乘隙而入，对青藏各派之间的斗争基本采取调解态度，尽一切可能消除矛盾，至少不使事态扩大，原则上承认既成事实，支持一切忠于朝廷的派别，对于达赖喇嘛，能维护则尽量不替换。

解决完真假达赖问题，康熙还册封了班禅。康熙五十二年（1713）正月，康熙以五世班禅呼土克图，"为人安静，熟谙经典，勤修贡职，初终不倦"，决定"著照封达赖喇嘛之例，给以印册，封为班禅额尔德尼"的名号，从四世班禅罗桑却吉坚赞为始。"班禅"意为智德深广，"额尔德尼"意为珍宝。"班禅额尔德尼"的封号自此始，此后，历世班禅额尔德尼"转世"，必经清政府册封。康熙以册封达赖之例册封班禅，以提高班禅的地位，班禅与达赖共主，协助拉藏汗管理西藏地方事务，安抚西藏人心，稳定藏区形势。

> **读而时思之**
>
> 五世达赖去世后，一时间竟然有三个达赖被推出，并且支持各自达赖的人都指责另外的是假的。你觉得为什么会出现这种现象？

·平准噶尔，清政府安定西藏·

康熙为了西藏局势的稳定可谓尽心尽力，但西藏形势依然错综复杂。

在拉藏汗处于严重的政治危机之中时，取代噶尔丹成为准噶尔首领的策妄阿拉布坦觉得夺取西藏权力的机会来了。就在桑结嘉措被杀不久，他曾派人去西藏迎请仓央嘉措来准噶尔部讲经传教，结果遭到了拉藏汗的拒绝。之后，他转而去拉拢拉藏汗，以消除其戒心。他还提出希望与拉藏汗结为儿女亲家，在康熙五十三年（1714），他将自己的女儿博托洛克嫁给了拉藏汗的长子噶尔丹丹衷。同时，他又秘密联络拉萨三大寺与黄教上层喇嘛，表示要推翻拉藏汗并废了他立的阿旺伊西嘉措，迎请格桑嘉措到拉萨坐床，这令三大寺的僧人站在他这一边。

康熙十五年（1716）十一月，策妄阿拉布坦派其堂弟策凌敦多布等人，率领 6000 人秘密向西藏进发。同时，他还派出一支 300 人的小分队前往青海突袭塔尔寺，计划把格桑嘉措强行带到那曲，与策凌敦多布的军队会合，再以护送格桑嘉措到布达拉宫坐床的名义进军拉萨。

这一情况让拉藏汗措手不及，仓促间，他急忙让手下的将领征集官员开赴藏北，他还抱着和谈的心理前往，结果被准噶尔军打败。策凌敦多布很快占领拉萨，杀掉拉藏汗，进行大规模抢掠洗劫。而后，准噶尔军攻入前藏，企图占领整个西藏。消息传到京城，康熙帝无比震惊。康熙五十七年（1718），康熙下令，让侍卫色楞统领军队紧急前往西藏救援。

色楞率军 2400 人，此番远征西藏，可以说是兵少力弱。因为西藏偏远，交通不便，信息不畅，康熙又对敌情没有准确把握，因此只派了这些人。对于西藏的敌军兵力，有人报告说有 6000 人，甚至有说 1 万人的，但青海亲王罗卜藏丹津报告说，策凌敦多布只带了 3000人。康熙由此断定，敌军长途跋涉，到西藏后又打了一仗，肯定人困马乏，所以实际人数可能也就 2000 人。所以康熙觉得，派 2400 人前去，应该是稳操胜券了。

康熙的乐观情绪也影响了色楞。色楞本身也是个极度自信、急于求成的人，五月十二日，他直接率军越过青藏交界处的穆鲁乌苏，一路孤军深入到藏区。准噶尔军采取诱敌深入的策略，他们一直后退，等着清军过来，其实在那曲喀喇乌苏早就埋伏好了精锐等待清军上钩；同时胁从数万藏兵，一半人马据河抗击清军，一半人马潜出绕后截击清军的粮道。结果色楞军队遭到准噶尔的伏击，被围了整整一个月，最后弹尽粮绝，包括色楞本人在内的清军全部殒命。

初战胜利，策妄阿拉布坦心满意足，这下子更轻视清军了，他下令让策凌敦多布继续东进，前往喀木地区，企图进一步扩张。准噶尔部的嚣张气焰让青海的王公和清朝的一些大臣感到惧怕，他们认为西藏太过偏远，地势险要，不宜进兵。康熙则认为，只要充分备战，寻求克敌制胜的方法，是可以打败敌人的。

康熙五十七年（1718），康熙总结上次失败的教训，决定增派京营满兵，派往甘肃等地驻扎，以备调遣；任命皇十四子胤禵为招远大将军，派出两批军队分别驻扎在庄浪（今甘肃省平凉市）、甘州（今甘肃省张掖市）。同年十二月，胤禵率第三批军队到西宁驻扎；此后，又增派1000名荆州驻防满兵到成都；调江宁、浙江满兵，到云南中甸一带驻扎。

康熙还积极争取青海蒙古王公，以进一步孤立准噶尔。康熙五十七年（1718）九月，察罕丹津来朝请安，康熙封其为多罗郡王。康熙拉拢青海，也是为了团结所有力量，对付策妄阿拉布坦。康熙五十八年（1719）二月，康熙又派兵招抚巴塘和理塘，为进藏扫平障碍。

康熙五十九年（1720）正月，康熙命胤禵率军从西宁转移到穆普乌苏，管理进藏的军务及粮饷，同时派三路大军进藏平叛。其中，中路由皇侄平逆将军延信率领1.2万人出青海，进军喀喇乌苏；南路由定西将军噶尔弼与云南都统武格率军1万人，从巴塘进兵；北路由富宁安、傅尔丹率军2.5万人，分别从巴里坤、阿尔泰出兵，配合作战，牵制敌军的援兵。

同年二月，康熙册封格桑嘉措为"弘法觉众第六世达赖喇嘛"，令中路军护送其入藏。春夏之交，噶尔弼率领的南路大军从甘孜地区出发，一路上没有遇到准噶尔的任何抵抗，就进入了拉萨；北路大军也在这一年进入西藏，在藏北当雄一带遇到了策凌敦多布，结果轻易地击溃了对手，于九月进入拉萨。

九月十五日，满汉大臣、蒙古各部首领、西藏黄教上层喇嘛、贵族齐聚布达拉宫，为格桑嘉措举行隆重的坐床典礼。至此，准噶尔的西藏叛乱就此平息。

平定西藏叛乱后，康熙采取了一系列措施来加强对西藏的管理，组建起临时军政府，并将准噶尔部策妄阿拉布坦分裂势力一网打尽。之后，康熙在康熙六十年（1721）重新组建西藏地方政府，采取"噶伦共管"制度，后让3名噶伦加上达赖喇嘛一起管理西藏事务。

为了进一步加强对西藏的管理，维护西藏的安定，康熙还在西藏建立驻兵制度，派满族、蒙古及绿营兵共4000人驻藏，这是清朝在西藏驻兵的开始。可以说，安定西藏是康熙一生中最重要的功绩之一。

读而时思之

如何评价康熙出兵安藏的表现？

·安藏举措，确保西藏的稳定·

平定准噶尔对西藏的叛乱后，康熙帝采取一系列措施加强对西藏地区的管辖。首先组建由清军统帅延信将军领导和主持的临时军政府，并开始对准噶尔部策妄阿拉布坦反叛势力进行"秋后算账"，公开处决了在策妄阿拉布坦叛乱时期担任第巴并与准噶尔部狼狈为奸的达敦巴和另外两位噶伦；将拉藏汗所立的阿旺伊西嘉措押解到京城；清除了拉萨三大寺和扎什伦布寺的准噶尔喇嘛，将其中的部分人斩首，其余的打入监牢。

康熙六十年（1721），康熙重新组建西藏地方政府，废除独揽大权的第巴，采取全新的"噶伦共管"制度。最初任命的三名噶伦是康济鼐、阿尔布巴和隆布鼐。隆布鼐在拉萨东北部一带活跃，有很高的声望，清军入藏后他投靠清朝，被康熙帝封为"辅国公"。隆布鼐被康熙任命为首席噶伦，封贝子爵位。康熙六十一年（1722）春，康熙又命在三名噶伦的基础上再增加达赖喇嘛的辅佐，共同管理西藏事务。通过噶伦的管理，消除了长期以来青海和硕特蒙古对西藏的影响，西藏事务由西藏贵族自己来处理。更重要的是，噶伦由清廷来任命，这加强了西藏地方政府和朝廷之间的联系，为清朝经营西藏奠定了坚实的基础。

为确保西藏地区的安全与稳定，进一步加强管辖，康熙在西藏建立驻兵制度。由4000名满族、蒙古及绿营兵在西藏驻防，由公策旺诺尔布来统领这支军马，额驸阿宝、都统武格均参赞军务。康熙派兵进藏是清朝驻兵西藏的开始。

驻兵制度是清廷管理西藏的重要举措，是清朝在西藏进一步开展政治、军事工作的标志，直接体现了清朝中央政府对西藏行使主权，具有深刻意义。通过驻兵，保卫了西藏边疆，巩固了国防，维护了西藏的安定，强化了西藏地方对清朝中央政府的认同感和向心力，促进了西藏地方政治、经济、军事和文化的积极发展，为维护清朝统一和民族团结作出重要贡献。

此外，为了加强与西藏驻军的联系和往来，清廷还在巴塘、理塘、昌都和洛隆宗等地驻扎军队，并将西藏东南连同巴塘、理塘及打箭炉归于四川总督统辖。同时，清廷还在西藏通往准噶尔的各个要道关卡设立喀伦，每年夏季组织藏族各部进行巡逻。

为了纪念安藏战役维护清朝统一和西北边疆安定的重要意义，康熙六十年（1721）九月，各部蒙古王爷、贝勒、贝子、公、台吉以及西藏各部酋长合书上奏，呈请在拉萨立碑，"以纪盛烈，昭垂万世"。康熙准奏，并制作了碑文。康熙对西藏地方政府和朝廷多年来的相互往来进行回顾，对国内众民族团结统一的美好前景进行展望。这块纪念碑体现了康熙时期对西藏管辖的成就，至今仍然屹立在西藏拉萨布达拉宫的前面。

御制平定西藏碑

康熙六十一年（1722），这是康熙人生的最后一年，在京城内外士庶百姓欢庆安藏胜利的时光里，他以无限欣慰的心情留下了这一首诗：

> 去年藏里凯歌回，丹陛今朝宴赏陪。
>
> 万里辛勤瞬息过，欢声载道似春雷。

"纵横交织"得感悟

　　在西藏问题的处理上，康熙体现了非凡的智慧。他充分尊重西藏民众的宗教信仰自由，对其中的分裂活动予以打击，不断加强对西藏的管理。通过驻兵，清廷直接对西藏行使主权，促进了西藏地方政治、经济、军事、文化的积极发展，为维护祖国统一和民族团结做出了重要贡献。值得一提的是，进兵安藏发生于康熙的晚年，这时他的身体和精神已经大不如前，但是他不气馁、不退缩，排除万难，终于完成了历史赋予他的使命。

安定朝纲，巩固皇权

清朝建立后并不安定，因为它是由满族人建立的政权，很多汉人名士对清朝并不臣服，满汉之间一度矛盾深重，这个矛盾不解决好，朝纲就不会安定。另外，康熙即位初期权力受限，通过鳌拜专权、"三藩"之乱等事件令康熙认识到皇权的重要性，只有将大权在手，才能施展拳脚。为了安定朝纲和巩固皇权，康熙做了很多事情。

·调和满汉，消除民族间矛盾·

康熙初期，在他刚解决鳌拜集团后有一个亟待解决的重要问题，这就是满汉之间的矛盾。

清朝建立初期实行满族本位政策，残酷压迫汉族等其他民族。顺治帝时，清已入关，因为顺治对汉族文化有了更深的了解，因此取消了一些歧视政策，局面有所改观。康熙即位初期，辅政大臣取消了借鉴汉族的制度和政策，又恢复了一些满族原有的统治方式，结果又加剧了满汉之间的矛盾。

而康熙从小受到汉文化的熏陶，知道想要治理好国家，首先要争取民心。他从小熟读四书五经，熟悉了汉族的传统文化。为了缓和满汉之间的矛盾，康熙八年（1669）六月，康熙下令永远停止圈地。康熙的谕旨中说："对满汉军民一视同仁。""自后圈占民间房屋、土地之事，永行停止。"从此，大规模的圈换土地之事得以停止。

摆在康熙面前还有个重要的问题就是"逃人"。所谓逃人，就是脱离主人在逃的农奴。清朝在入关前采取农奴制的生产制度。没有土地的汉族农民可以投向满族统治者为奴，这就是所谓的"投充"。入关后，随着大规模的圈地运动，大量汉人失去了土地，被迫给满人当奴隶。还有一些汉族地主为了谋利，带着土地投靠满族贵族为奴，以寻求庇护。因此，不少满族贵族拥有了大量的奴仆。为此，清朝先后多次颁布和修订《逃人法》，对逃人予以严厉制裁。顺治时期，汉人官员纷纷劝谏，结果朝廷反而对劝谏者加以惩戒。一时间，民族矛盾空前尖锐。

康熙十一年（1672）八月，有官员上疏，要求将逃人案件审理权交给各督抚处理。康熙立刻准奏。满族官员主张严格执行《逃人法》，而汉族官员则希望宽行。康熙站在了汉人官员这一边，将《逃人法》进行了修改，降低了处罚力度，得到了广大汉人的拥护。

为了进一步缓和矛盾，也为了更好地治理国家，康熙采取了尊孔崇儒的思想。中国从汉武帝"罢黜百家、独尊儒术"起，一直尊崇孔子及其所代表的儒家思想。康熙从治理国家的需求出发，对学习汉族传统文化有着强烈的欲望和浓厚的兴趣。康熙从 8 岁登基起就勤学不辍，写汉字，读经书，从陪他读书的太监口中了解明朝典制和宫廷轶事，受益匪浅。

康熙八年（1669）四月，康熙采纳汉官的建议，亲自到太学庙祭孔子。后来，他不断推崇孔子的思想。康熙二十三年（1684），康熙亲自来到曲阜的孔庙瞻仰，行三跪九叩大礼，特书"万世师表"匾额，并决定重修孔庙，给孔庙立碑，并亲自书写碑文。这样至诚的态度，赢得了汉族士大夫的好感。

康熙在铲除鳌拜后，立刻举行经筵日讲。日讲官由尚书、侍郎和翰林院官员中

曲阜孔庙内康熙御笔"万世师表"匾额

德才兼备、品学兼优者担当，其中以汉人居多，尤以江南的汉族士大夫为甚。康熙对江南士大夫尤为关注，为日后江南人士参政创造了有利条件。

康熙学习儒家学说可谓矢志不渝。他每天上朝前，五更起来诵读；晚上处理完政事后若有闲暇，就复习日讲内容，仔细琢磨。在听讲过程中，他经常向日讲官咨询时政，提出问题。即使外出巡视或围猎，也要让日讲官跟从。

康熙倡导儒家学说，尚德化刑，化民为俗，联络广大汉人官员的感情，有效缓解了满汉民族间的矛盾。

"纵横交织"得感悟

　　康熙解决满汉矛盾的政策主要体现在三个方面：一是在政治制度上承袭汉制，二是改变民族压迫政策，三是尊重汉族人的风俗习惯。当然也必须指出的是，康熙尊重汉族习俗也是在一定程度内的。在一些比较重要的习俗上，康熙就没有任何让步，最显著的例子是剃发。在收复台湾时，康熙和郑氏屡次谈判不成，重要原因之一就是双方就剃发问题始终僵持不下。

·设南书房，收汉士大夫人心·

为了进一步限制权臣，尤其是满族贵族，康熙于康熙十六年（1677）在内廷设立了南书房。南书房位于乾清宫的斜对侧，因位于康熙幼年时读书的书斋懋勤殿之南而得名。能到南书房的官员多是才华出众的汉人，他们不仅辅导皇帝读书写字、讲授学业、时备顾问，还代拟谕旨、编辑典籍。清朝的中央机构一般既有满人又有汉人，唯独南书房基本上全是汉人。

康熙在南书房和入直的群臣吟诗作画，钓鱼赏花，讨论政事，剖析经纶，和他们亦师亦友，有着非常融洽的关系。他对这些江南汉人学者十分信任，不断提拔他们。其中不少人世代享受荣华富贵。这些人刚入直南书房时地位不高，之后在康熙的恩宠下发展为汉族的新贵。

甚至，南书房的官员犯了错误，康熙也会予以庇护。比如大学士熊赐履曾经因为票拟错误诿咎他人而被

康熙帝便装写字像

革职，康熙惦念他的才能以及对自己所提供的帮助，在康熙二十七年（1688）又重新起用他为礼部尚书。康熙三十四年（1695），熊赐履

第八章 安定朝纲，巩固皇权

南书房原址

的弟弟熊赐瓒获罪入狱，御史借机弹劾熊赐履，请求康熙予以严惩，康熙不仅没有问罪，还给熊赐瓒赦免了，并在康熙三十八年（1699）任命熊赐履为东阁大学士兼吏部尚书。康熙四十二年（1703），康熙见熊赐履说自己年老乞休，便减少他的事务，但还给他发俸禄。熊赐履于康熙四十八年（1709）去世，康熙派人慰问，赐金千两，赠太子太保，谥"文端"。之后，康熙依然想着此人的功绩，令吏部重用其子。

有的士大夫热衷于功名利禄，康熙的这些笼络政策非常适用；而有的名节之士依然怀念明朝，不想和清廷合作。所以，康熙又想办法笼络这些人来为国效力。

"三藩之乱"被平定后，这些有复明思想的名节之士有所触动，康熙希望招揽他们，就特意开博学鸿儒科。康熙下旨称："凡有学行兼优、文词卓越之人，不论已仕、未仕，令在京三品以上及科道官员，在外督、抚、布、按，各举所知，朕将亲试录用。"各地名流学者、怀才不遇之士均在被推荐之列。

康熙十八年（1679）三月，康熙在体仁阁亲自考核由大家推荐的153名博学鸿儒。康熙亲自出题，亲自阅卷。然后再交阅卷官公阅，并商议录取人选。

经过康熙的精心挑选，对录取之人，即便其作的诗出了韵，或者用语犯了忌讳，一律予以通融。

之所以这样，是因为汉族知识分子依然对满人有很强的对立情绪，此次考试，许多人对为清朝做官不感兴趣，抱着无所谓的态度应考。有的人题没答完，有的人故意把诗写得乱七八糟，有的人含沙射影、指桑骂槐，但这些康熙都没有计较。

对于入选的博学鸿儒，经过多次商量，康熙决定将他们选到翰林院供职，共同编纂《明史》。

通过特开博学鸿儒，让大臣荐举，康熙逐渐掌握了名流学者的基本情况。有些学者虽然因故没有参加这次考试，但是朝廷依然想办法邀请他们来参与《明史》的纂修。比如著名历史学家万斯同被聘至京，但他坚持不入史馆，不挂职，不受俸禄，所以以布衣的身份参与进来。因为他非常熟悉明朝的历史，因此史馆对他非常倚重和信任，所有书稿都请他来复审。

通过设博学鸿儒科试及《明史》开局，康熙和这些名士建立起密切的关系。有些在顺治时期被罢免的汉族士大夫又重新得到任用。考取者不仅参与修史，有的还被选为日讲官。这些鸿儒学者被康熙的态度所感动，如严绳孙担任日讲官后，一改以往的傲气态度，变得尽职尽责，以报答康熙的知遇之恩。

这些鸿儒学者，即便在离任返乡后，康熙依然和他们保持友好的关系。比如汪琬，他在修史时和别人意见不一，在史馆仅60多天就告病返乡。虽然时间短促，但康熙并没有忘记他，后来南巡至无锡，特意去他家做客，并赐御书一轴。尤侗修史三年后归乡，康熙南巡到苏州，他主动献诗赞颂皇上的恩德，康熙御赐书"鹤栖堂"匾额。

在官员待遇这个敏感的事情上，康熙也力求对满汉官员一碗水端平。入关之初，满官的品级高于汉官。康熙肃清鳌拜后，认为满汉官员的品级应该划一。康熙将满汉官员品级提升并划一，以争取汉族官员。

康熙十七年（1678）十二月初八，康熙下令：满汉大臣办丧事，均应派大臣前往送茶酒。自此以后，凡遇汉臣办丧事，康熙均派满族大臣携茶酒前去赐给。

这些做法极大地鼓舞了汉族官员，消除了他们心中的隔阂。

康熙对于清初强行让汉人满化的政策予以改革，改为尊重汉俗，顺其自然，不强人所难。比如满族女性从来不裹脚，而皇太极时期禁止汉族女性裹脚，这与汉族的习俗不合。康熙为了表示对汉族士大夫的让步，也允许汉族女性保持她们的习俗。

康熙还格外优待前朝，对明朝的皇陵加以保护。康熙二十三年（1684）十一月，康熙第一次南巡时到达江宁，亲自拜谒明太祖孝陵，行三跪九叩之礼，并赏赐守陵人。这一举动极大地影响了汉族官民，"父老从者数万人皆感泣"。

在康熙的不懈努力下，一些满族学者进而也对汉族的儒家传统经典产生强烈兴趣，满族大臣也能以平和的心态和汉族大臣共事。

读而时思之

康熙帝继位之初，四大辅臣在一定程度上仍是朝政的实际掌控者。所以在亲政以后，设立南书房是为了加强皇权。结果通过南书房，也拉拢了一批汉人名士，康熙对他们非常恩宠，甚至他们犯了事，也能得到康熙的宽大处理。你认为康熙这样做的目的是什么？

·御门听政，勤劳谨慎始如一·

康熙自康熙六年（1667）七月初七向天下宣布自己开始亲政后，就开始了他的听政生涯。康熙亲政后实行的一项制度创新就是"御门听政"。"御门听政"是康熙一生的工作写照。

"御门"指的是乾清门，乾清门就是乾清宫前面的大门，它是分割前朝和后廷的界线。康熙平时就住在乾清宫，为的就是去乾清门办公方便，出门就是。"御门听政"就是指康熙在这里亲自主持的朝廷会议。会议上，大臣们要把自己手下正在处理的、需要禀报的大事都要跟康熙做汇报，然后大家再一起商议，做出判断。最后由康熙决断，发布旨意，由大臣们贯彻执行。

御门听政有五个环节：奏、听、议、决、行。康熙通过大臣的"奏"了解天下现在的情况，有哪些大事发生，再通过"听"和"议"了解臣子们的想法，集思广益，而"决"保证了皇帝对天下大事的决断权、控制权，最后"行"

康熙皇帝龙袍

这件康熙皇帝穿过的朝服为石青实地纱料，彩绣片金，胸、背、袖饰团龙纹，中腰及下摆间饰海水、云龙纹，边饰片金云龙八宝图案。

乾清门

用来保证皇帝的旨意能够顺利执行。康熙要的是自己的话不仅要在中央大臣这里有效，在地方大臣、基层官员那里也要传达下去。这样才能保证皇上的旨意变成现实，让百姓感受到皇上的恩泽和圣明。康熙"御门听政"的目的总结起来可以概括为两点：一是治理国家，把国家大事都处理好；二是把天下大权揽到自己手里，避免夺权。

皇帝上朝这本身没什么奇怪的，但是像康熙帝这样天天上朝的皇帝找不出来第二个。历史上的皇帝一般都是隔几天上朝议事一次，上朝议事的制度也比较松散，有些并没有规定皇上必须亲自主持朝政，也没有规定皇上几天之内必须上一次朝。在康熙看来，朝会松散是导致这些政权灭亡的根本原因。

皇帝不上朝，会诱发很多状况：首先，既然皇上不想上朝，那臣下就无法向皇上奏事。臣子有问题就自己看着处理，相当于下放权力。其次，臣子们对问题进行议论，因为皇帝不在，谁也不敢私自做决定，如果做得对那是越权，如果做错了那就要担责任，甚至掉脑袋了。再次，就算臣子敢做决定，但是没有圣旨，就无法执行下去。最后，就算是执行了也没有任何效果，皇上都不管，还有谁会关心呢？

松散的朝会还容易导致一件更可怕的事情，那就是下属篡位。皇

上不上早朝，必然就要找人代替做这件事情，替皇上做决断。这样，某些野心家就会觉得有机可乘，历史上这种野心家比比皆是，并且身份繁多，例如：外戚、后宫、宗室、宦官、佞臣等，皇权是天下权力的巅峰，长期在皇帝身边，就容易被这巨大的权力诱惑，在有机可乘的前提下，不是野心家也会被熏陶成野心家。

在康熙看来，天下并不是他的，而是老百姓的，他只是替老百姓管理这个天下，哪天他懈怠了、疏忽了，就要被天下人取而代之。康熙不想重蹈历代亡国之君的覆辙，所以他决定天天上朝，而且把天天上朝立为一种不可更改的制度。直到清朝灭亡，这个制度也没有改变。

康熙对上朝这件事从时间到态度上都非常认真，康熙曾经对大臣说："诏书是皇帝的尊严，是国家的尊严，绝对开不得半点玩笑。如果有一个字觉得不对劲，都不能放过。哪怕一遍一遍地改，也要改到满意为止。"关键是康熙非常严格地要求自己，让自己成为臣子的榜样。皇帝都这么拼命工作了，作为臣子，就更没有半点懈怠的理由。

朝中的一些大臣觉得自己的皇上实在是太累了，曾经上书请求康熙"五日一听政"。在他们看来，即使是五天一上朝，政权也不会出问题，国事也足以处理得井井有条。但是康熙并没有同意。

就这样，从康熙亲政开始到康熙六十一年（1722）病逝为止，除去重大祭日、宫中出现大事、三大节气、生病起不来等极特殊情况外，康熙没有耽误过一次上朝。坚持上个两三年也许很容易，但是坚持一辈子，直到去世，这在中国历史上，康熙是第一个。作为皇帝，偶尔纵容下自己也不算过分，但是康熙一次也没有纵容自己。

在听政中，康熙对朝中发生的事情了如指掌。康熙对每一件事都仔细定夺，就算是一些看起来不太重要的事情，他也认真关注。康熙二十五年（1686）七月，康熙处理翰林官外转的奏章，询问大学士的意见，而大学士明珠奏报说，可以听从吏部所议。这时康熙发现了吏部和翰林院的疏漏之处，就批评道："这是你们顾及情面，现在的翰林官，很多不善书法，不能写文章，不能读断史书，只知饮酒下棋，此等庸人一旦受到重用、宠幸，怎么去教育后人？一定要降谪一两个人来警诫他们。"随后，康熙就派大学士带着谕旨到翰林院、吏部去质询。当天晚上，大学士们就回来汇报了吏部和翰林院的疏误之处，并加以改正。通过这些做法，康熙帝掌握了各部门的薄弱之处，对加强皇权起到了一定作用。

康熙对各级官员十分关心。他认为君臣应该经常一起讨论国家大事，这样上通下达、共同谋划，才能避免明朝那样宦官专权以导致国家衰落、最终灭亡的悲剧。康熙和官员有进一步沟通交流，通过对官员的询问加深君臣感情。不少大臣对工作尽职尽责，甚至敢于和皇帝争论。对于这样的大臣，康熙十分赞许，并且说："诸位都是议政大臣，应该各抒己见，直言不讳，即使发生小差错，朕难道还会因议政而加罪于你们吗？"因此，康熙时期，君臣关系和睦，各级官员普遍任劳任怨，服从康熙的安排。就是康熙生病，无法听政时，各级官员还前来向他请安，这令康熙非常感动，动情地说："君臣谊均一体，分势虽悬，而情意不隔。"

"纵横交织"得感悟

御门听政制度是一项健全、完善的制度，其创新之处在于，朝廷会议由皇帝亲自主持，坚持每日举行，君臣共议，加以制度化和常态化。该制度是清朝统治集团保持稳定的制度性保障。纵观历史，康熙可谓是勤政的皇帝。康熙每日必上朝，始终坚持如一，且亲自主持，实属不易。康熙通过御门听政，使朝廷上下同心，共同让国家平稳运行，开创盛世。

· 密折制度，进一步加强皇权 ·

为了强化皇权，康熙创造了一个新的信息传输的渠道——密折。

清朝入关后，遵循着明朝的旧制，将上传朝廷的文书分为两种：题本和奏本。题本用来奏报公事，用印；奏本用于奏报私事，不用印。题本由总院衙门及京官送到内阁，称为部本；京官奏本及外省督抚、将军题奏本都送到通政使司，然后呈送到内阁，称为通本。内阁收到这两个渠道呈送的本章后，分别进行解读并给出处理意见，然后呈送给皇帝。皇帝批阅后返给内阁，抄送六科，然后分发给负责的衙门遵照执行。如果是发给外省的，就由各省驻京官员前往衙门领取，然后去驿站发出。

通过这样的方式，朝廷来与地方沟通，处理事项。但是这两种文书存在弊端。首先是有字数限制，无法对事项进行具体描述；传达过程中经历多个部门，而且保密性很差；文书到皇帝手里之前要经过内阁，皇帝批阅后又要发给六科，过于烦琐，影响效率；有些问题比较敏感，不论是官员上奏还是皇帝下旨都无法畅所欲言，因为要经过内阁，所以给内阁专权创造了机会。因此，康熙亲政后便创立了一个新的上行文书，这就是奏折。

奏折受皇帝指令的官员单独向皇帝密报，由皇帝直接批谕，再批发奏报人。从康熙二十年（1681）开始，朝廷官员开始用奏折来处理政事。因为这种形式不需要经过内阁而直达皇帝，且没有字数限制，能够报告事项的真实情

康熙朱批奏折

况，因此得到了广泛运用。

在使用奏折的过程中，康熙发现这种形式具有极高的保密性，因此使用得更为频繁。康熙三十年（1691）开始，康熙开始给自己亲近的臣下以奏折密陈政事。康熙给大臣的谕示中有"凡有奏帖，千万不可让人知道"等类似字眼，这说明奏折成为君臣之间的秘密往来的通道，康熙可以通过这种方式来获知地方的深层情报，也可以直接提出一些具体要求，使执行官员领会和贯彻落实。康熙四十年（1701）开始，康熙把奏折的使用权授予部门地方官，官员不仅可以和皇帝交流民生、物价、治安等情况，皇帝还可以来刺探地方的政治情况。比如康熙曾在康熙四十九年（1710）和康熙五十二年（1713）分别向下属密谕"总督居官怎样""前任提督做官、为人怎样"。

因为奏折非常机密，所以康熙特地对此出台了相关制度。康熙五十年（1711），康熙下谕旨："晋侯满汉文武大臣的请安折子，都要亲手缮写并密封；如果自己不能写，就让子弟缮写，并将子弟的名字写明。如果有事上奏，就在请安折子里具奏。"对于密折，康熙坚持亲自批阅，防止泄密。康熙曾说："各处奏折所批朱笔谕旨，皆出朕手，无代书之人。"

康熙中期，还允许将军、督抚、提镇、总兵等高级地方官员遇到紧急、重要、疑难事情时，使用奏折来呈递。康熙非常喜欢运用这种方式，因为奏折能让他在地方官员正式通报前提前了解地方情况，预先做好部署。康熙四十年（1701）后，这种形式在地方官员中得到普及。大致的程序是：需要上报的事件，由督抚、提镇等官员具折向康熙请旨，获准后，再正式具题给相关部院，得到审批并正式执行。后来，对于一些非常急迫的奏折，康熙直接将它们交阁部议行或直接敕部遵行。

有相关制度的保障，奏折传递畅通无阻。虽然康熙朝上奏的官员越来越多，但很少发生泄密情况。密折制度在康熙快速了解地方信息、加强监察工作、提高中枢决策准确程度都发挥了重要作用。

纵观康熙朝，密折制度由康熙提出并开始使用，但该制度依然处于早期发展阶段。因为这一时期的奏折还只是题奏本章的附属品；除了个别奏折因为内容重要、紧急而交部议行外，大部分请旨奏折仍然需要具题。直到康熙的继任者雍正执政后，奏折制度才正式形成。

读而时思之

　　康熙开创的密折制度，允许和鼓励中央和地方官员直接向皇帝奏事。密折制度有哪些积极作用？又有哪些缺点？

·因言治罪，文字狱难以幸免·

　　文字狱，是指统治者迫害知识分子，故意从其著作中摘取字句，罗织成罪。文字狱往往成为统治者钳制思想、维护皇权的重要手段，它历代都有，在清朝达到了顶峰，就连一向贤明的康熙帝也搞过文字狱。

　　在康熙朝发生了两次规模较大的文字狱，分别为"《明史》案"和"《南山集》案"。

　　"《明史》案"发生于顺治时期，结束于康熙登基之初。早在明朝天启年间，当时的内阁首辅朱国桢退休归家后撰写了一部《明史》，并将部分内容刊刻于世。明朝灭亡后，朱氏家道中落，将书稿卖给了乡里的富豪庄廷鑨。此人眼盲，但胸有大志，希望能和历史上同为盲人的左丘明一样编写一部史书，因此就招揽当地十余名文人，对朱氏的书稿加以润色和论断，并补充天启、崇祯年间的历史，最后定题为《明史辑略》，在顺治十七年（1660）刊印发行。但是有个巨大的问题，现在已经是清朝统治，而书中不承认清朝的正统地位，指责清朝并直呼清帝的名字，斥责降清者为叛逆，这些行为触犯了清朝统治者的大忌，引发了一场惊天大案。

康熙二年（1663），因为涉贪腐案件被罢官的归安知县吴之荣看见庄氏家境丰厚便想敲诈一笔，于是就借《明史辑略》告发于杭州将军松魁。松魁将此事移交给巡抚朱昌祚。朱昌祚又派督学胡尚衡处理。此事庄氏得知消息，立刻贿赂重金将事件平息。事后，庄家删除书中的禁忌之语，重新刊印。

吴之荣怀恨在心，这次他直接带着原书上报了刑部。这次朝廷真的重视了，派人来调查。由此，掀起了一阵惨烈的杀戮。

最先受害的是庄家，庄氏一族 100 多人被捕，庄廷鑨的父亲庄允城被捕，后死在狱中；早就故去的庄廷鑨被开棺戮尸。庄廷鑨的弟弟一家 10 多人也遭遇连坐，皆难逃一死。

其余参与修订此书、为书作序、售卖、购买此书的人，以及在吴之荣初次告发后收受贿赂没有处理的官员，都被清廷缉拿和惩处。甚至因为吴之荣的诬陷，与此案无辜者也受到了牵连。

康熙二年（1663）五月，朝廷对涉及本案的人进行判决，共处决了 70 多人，书首列明的 18 人均被凌迟处死，刻印、购买、收藏、出售此书的人都被处死。

"《明史》案"发生时，康熙还只是个少年，负责案件的是四大辅臣。而发生于康熙五十年（1711）的"《南山集》案"，则是康

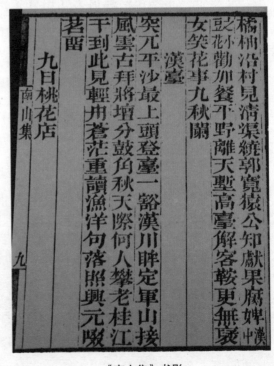

《南山集》书影

熙亲自审理的文字狱大案。

虽然康熙极力笼络汉民，也收获了一定的成果，但依然不时发生汉民反抗统治的事件。康熙四十七年（1708）先后发生了浙江大岚山张念一、朱三等起兵造反的事件，虽然很快被镇压下去，但这深深地震撼了康熙。因此，康熙面对"《南山集》案"一改往日的宽容，采取了冷酷的态度。

"《南山集》案件"的主角是戴名世。

戴名世家境贫寒，但是天资聪颖。20岁即成为教书先生，28岁应试补县学生。顺治初年，因品行兼优被送入国子监读书。康熙年中进士，授编修。曾编写明末桐城地方史事《孑遗录》，对当时士人的"习剽窃之文，工侧媚之貌，奔走形势之途，周旋仆隶之际，以低首柔声乞哀于公卿之门"的行为极为不齿，被称为"狂士"。后来受人资助，在南山冈拥有一所住房，在此安定下来，因此被世人称为南山先生。

戴名世想撰写明史，对清朝为避本朝忌讳而篡改历史的做法颇为不满。他亲自访问遗老，考证史实，留意先朝文献，记录下来。在搜集材料的过程中看过同乡方孝标的《滇黔纪闻》等书。康熙四十年（1701），戴名世的学生尤云鹗，将其所著书稿整理刊布，名为《南山集偶抄》。

戴名世一生贫苦，直到57岁时才受到命运的垂青，这一年他连中会试第一名进士，殿试第一甲第二名榜眼，授翰林院编修，进京供职。然而，就在他想要大展拳脚的时候，不幸降临了……

康熙五十年（1711），都察院左都御史赵申乔据《南山集》向康

> **人物档案**
>
> **戴名世**（1653—1713年），字田有，一字褐夫，号药身，别号忧庵，晚号栲栳，晚年号称南山先生。江南桐城（今安徽省桐城市）人。康熙二十二年（1683）应试。康熙二十六年，以贡生考补正蓝旗教习，授知县，因愤于"悠悠斯世，无可与语"，不就；漫游燕、赵、齐、鲁、越之间。康熙四十八年（1709）己丑科中榜眼。康熙五十年（1711），"《南山集》案"发，被逮下狱。康熙五十二年（1713）二月初十被杀于市，后归葬故里。

熙上奏，说戴名世"恃才放荡""私刻文集，肆口游谈，倒置是非，语多狂悖"，希望对其严肃处理。康熙听闻大为震惊，他没想到现在居然还有人敢为南明惋惜，对清朝进行诋毁。他立刻下旨，要求严查。就这样，还没等到发达，戴名世就进了监狱。

对戴名世的调查越来越深入，牵连了一大波人，就连掀起"三藩之乱"的吴三桂集团也被牵扯进来。戴名世提到《滇黔纪闻》作者方孝标时，因为他和自己是同乡，又做过侍读学士，因此称其为方学士。吴三桂集团的方光琛也是安徽人，更巧的是，吴三桂被平定后，方光琛及其八个子孙都被处死，唯独其有一儿子幸存，这个人叫方学诗。在满文中，方学士和方学诗是同一个词语，所以康熙以为方孝标就是一直没有抓获的叛乱分子方学诗。这样一来，戴名世就被认为是使用反清分子著作的材料，还赞同其观点，当然罪大恶极。

其实，朝中不少汉官都知道事情原委。方孝标祖籍安徽桐城，而方光琛原籍安徽歙县，二人虽然同姓但不同宗，且彼此根本不挨边。但是康熙此时震怒不已，谁敢冒着性命来和皇上说明真实情况呢？案发时，方孝标已经亡故，但他的亲属就难逃厄运了，他的儿子们和族人都被押解进京。此外，为戴名世作序的人也难逃其罪，涉案的达百余人。

经过多部门的审查，康熙五十一年（1712），刑部进行议决。戴名世大逆不道，应立即凌迟；已故的方孝标在《滇黔纪闻》中有大逆之言，应戮其尸骸；戴名世和方孝标的家属，有的被建议问斩，有的被建议给功臣家当奴隶；方孝标的同族人，无论是否服罪，都要严查，有职位的革职，子女除了出嫁的一律流放到乌喇、宁古塔、白都讷等处；为戴名世作序的汪灏、方苞应斩首；自首的方正玉等人应和妻子一起流放宁古塔；编修刘岩应革职，和妻子流放3000里。

康熙看了刑部的议决，觉得牵扯的人太多，为之恻然。经过反复的研究和斟酌，才做出最后的决定。

康熙五十二年（1713）二月，经康熙批准，戴名世被问斩；方孝标的儿子方登峄、方云旅、方世樵被免除死罪，并其妻充发黑龙江；其他人犯没入旗下为奴。方孝标、戴名世的书籍全部被销毁。至此，这场轰动朝野的大案才告一段落。

"纵横交织"得感悟

　　毋庸置疑，文字狱是康熙一生中的污点。康熙之所以发动文字狱，主要还是从思想上强化皇权，树立君主专制的绝对权威。从根源来讲，它是封建专制主义空前强化的产物。清朝的文字狱给社会造成极其严重的后果，严重阻碍中国社会的进步和发展。文字狱禁锢思想，控制言论，维护皇权，这是一种严重的历史倒退。但很遗憾的是，康熙的继任者们继续将文字狱"发扬光大"，间接导致中国与西方的差距不断被拉大。

经世策论以定国

康熙亲政后，清朝官内外都出现一定的矛盾，对于这些问题，康熙采取合理的方法予以解决。面对朝中存在的贪腐现象，康熙一面对贪官进行重点打击，一面又对清官实施奖励。在官中的党羽之争、旗务改革上，康熙帝也有一定的作为。此外，康熙多次出巡，一方面体察民情，一方面也丰富着自己的治国之道。

·严肃法纪，亲察官吏不放松·

康熙深知，对于一个国家来说，治理官员要比治理百姓更加困难，官员治理不好，国家就运转不通，那么国家就会面临危机。因此，康熙非常重视对官员的监管与考察。

清朝对官吏考察的做法基本延续了明朝，明朝考察官吏的措施有京察、大计和军政。京察就是考察京官，六年一次；大计考察外地官员，三年一次；军政考察武官，五年一次。被考察官员自述功过，吏部、都察院开列事实具奏。下属官员填注考语，送到吏部、都察院。被考察的官员，清廉自律的予以举荐，贪酷不谨的予以弹劾，然后根据其作为进行升降和赏罚。

康熙根据具体情况，针对存在的弊端进行改进。比如督抚和提镇对大计、军政不负责任，甚至互相推诿，从而无法实现惩治贪腐的目的。因此，康熙在大计、军政之外，还推出了"两年弹劾"的制度。

这种制度是让长官举劾属下的功过，进行奖惩。因为京察的间隔时间较长，所以康熙传谕各衙门堂官，对属下随时甄别、指参。同时，为了解决部分官员的考勤问题，规定部院官员因病、因事不到岗的，均需注册，以此区分勤惰。通过注册，康熙掌握了官员的出勤情况。康熙五十三年（1714）二月，翰林等部门居然有三分之二的官员在休假。康熙决定，这些官员如果有告假回乡养病的，就给他们解职，放他们回家。

康熙还通过亲自询问官员来对他们进行考察。各省总督、巡抚等官员离京赴任前，要和皇帝告别，称"陛辞"。陛辞时，康熙会主动和官员研讨问题，提出要求，这是他对官员的初步考察。

比如康熙十八年（1679）八月二十六日，山东巡抚施维翰陛辞，康熙对其询问，施维翰说："臣只是一介庸愚之人，蒙皇上特恩提拔，担此重任，自奉命以来，无不惶恐，哪敢不尽心力以图报答皇恩呢？"康熙则说，但凡总督、巡抚上任，朕都会勉励他们尽职尽责，但他们到了地方很少有遵行的。施维翰回答："臣做了多年的官，对民间利弊很熟悉，如今到了地方，誓不敢做有败检之事。如果臣有不称职之处，任凭皇上重罚。"之后，双方讨论了如何防止该地兵丁变乱的事情。

就是通过这样的考察，康熙对新任官员赴任前的思想有了初步了解，而官员对新任职务的首要问题也有了心理准备。地方官上任后，仍不定时地觐见皇上。州县官员、地方武官赴任前，康熙也下令引见，"亲验补授"，发现庸劣之人立即罢斥。

康熙十分注重接见的效果，一旦发现效果不佳，就立刻停止。比如布政使、按察使专门负责钱谷、刑名，不方便朝见，而且他们的事情与民生福祉关联相对不大，因此康熙就下令禁止。

康熙一生多次出巡，一方面有视察、拜谒、狩猎、避暑等具体目的，一方面也有察访吏治的日常任务。康熙二十三年（1684）十一月，康熙首次南巡，在江苏宿迁发现漕运总督邵甘不干实事，且多有不谨之处，就将其免职。康熙二十八年（1689），康熙第二次南巡，返京后根据自己所看到的情况，任免了一批官吏。比如杭州副都统朱山，平庸且年迈，将其解职；原河道总督靳辅，实心任事，劳绩昭然，因此复其原品。

康熙曾深有体会地说："凡居官贤否，唯舆论不爽。果其贤也，问之于民，民自极口颂之；如其不贤，问之于民，民必含糊应之。官之贤否，于此立辨矣。"这是康熙多年考察官吏的经验之谈。

读而时思之

你觉得康熙有必要如此费力气来亲察官吏吗？历朝历代还有哪些帝王能像康熙一样重视官吏的考察？

·扶清惩贪，双管齐下清吏治·

自古以来，吏治的优劣都是国家盛衰的关键，关乎着民心的向背和统治的安危。康熙认为，考察官吏是为了奖励廉洁、惩治贪腐，而且认为要以奖励廉洁为主。

康熙认为表彰清官具有积极作用，因此采取各种措施表彰清廉的官员。康熙二十三年（1684）五月，康熙告诫部下"当官应以清廉为要"，号召大臣举荐清官。在康熙朝，第一个得到皇帝大力赞扬的清官代表便是于成龙。

于成龙早在明崇祯十二年（1639）就参加了国乡试，但是直到顺治十八年（1661）已44岁时，怀着"心此行决不以温饱为志，誓勿昧天理良心"的抱负，接受朝廷委任，才到遥远的边荒之地广西罗城为县令。罗城新隶于清统治下不到两年，由于局势未稳，两任知县一死一逃。于成龙到罗城时，这里遍地荒草，城内只有居民六家，茅屋数间，县衙也只是三间破茅房。他只得寄居于关帝庙中。在困境中，同来的五名仆从不久或死或逃，而他以坚强的意志，扶病理事，迈开仕宦生涯的第一步。于成龙在罗城采取"治乱世，用重典"的方法，在罗城为官三年之间，就使罗城摆脱混乱，得到治理，出现了百姓安居乐业的新气象。

康熙二十年（1681）二月，康熙召见直隶巡抚于成龙，赐座、赐茶，说："你是当今清官第一。"后赐食于御书房。之后，康熙对学士库勒纳等人说："于成龙从外吏起家，以廉洁著称，历经升迁，时任巡抚，更加清廉，自始至终，一直没有改变。有亲戚朋友互相请托，都是严厉拒绝，绝对不答应。近年来，沙河所属人员和亲戚朋友的赠送，一概不予收取。"康熙派人赐给于成龙白金1000两、康熙亲乘鞍马一匹，还有一章御制诗，正在装帧，等以后再予颁赐，以示嘉奖。

康熙二十三年（1684）四月，于成龙病故，去世时，其木箱中只

有一套官服，别无余物。康熙因他清廉一生，加赠太子太保，赐谥号为"清端"，荫一子入国子监读书，并亲笔御书"高行清粹"四字为祠额。康熙力求通过扶植清廉官吏，克服"贪墨之风"。

康熙扶植廉洁，为社会树立了良好的榜样，清官逐渐形成一支较大的力量，接连出现了两江总督傅腊塔、直隶巡抚格尔古德、继任傅腊塔两江总督的范承勋及闽浙总督王骘等一批清官。

傅腊塔是满洲镶黄旗人，姓伊尔根觉罗氏，历任内阁中书、内阁侍读、御史、陕西布政使、副都御史、工部侍郎、吏部侍郎，后升任两江总督。临行时，康熙叮嘱他："你上任后，以于成龙为榜样就行了。"傅腊塔遵旨上任后，清弊政，斥贪墨，处理刑狱明察秋毫，康熙对他所采取的这些措施予以支持。曾经为于成龙举荐的通州知州也叫于成龙，人称小于成龙，在补为江宁知府后，为官清廉，康熙亲赐他御书手卷一轴，以示鼓励，期望他以他的同名前辈为榜样，不负所托。于成龙（小，下同）表示："自己出身微贱，蒙于成龙举荐和皇帝信任，有生之日，鞠躬尽瘁死而后已，以报圣恩。"康熙二十五年（1686），于成龙被提升为直隶总督，他针对长期存在的严重盗匪问题，制定了一套周密可行的方案，得到了康熙的支持和赞赏。

康熙在培养清官方面已有意识地把亲察与众臣荐举结合起来。康熙四十六年（1707），康熙第六次南巡时让督抚举贤，督抚就举荐江宁按察使张伯行，康熙一见面就说："到江南后，就听说你为官清廉，如果天下像你这样的清官多，老百姓就会说朕是明主，反之就会耻笑朕。"随后提升张伯行为福建巡抚，赐御"廉惠宣猷"四个字。

康熙后来调张伯行到江南，张伯行举报弹劾贪官，贪腐分子闻风而逃。"江南科场案"发生后，总督噶礼弹劾张伯行，康熙出面用"公为天下清官第一，责诸臣变乱是非"，为张伯行解围。张伯行曾一度被解职，结果造成百姓罢市，满城哭声，等到康熙为张伯行平反时，数万人欢呼雀跃，歌颂皇帝圣明。康熙看到自己如此得民心，内心很高兴。

康熙知道清官经常受到别人的排挤和诬陷，所以他非常注重切实了解详情。在康熙第五次南巡时，江宁知府陈鹏年因力阻总督阿山增加钱粮赋税，被派主办龙潭行宫的差事。康熙的近侍按惯例索贿，陈鹏年不理，有人暗中在康熙床上放了蚯蚓粪来陷害负责接驾的陈鹏年。但是康熙早在织造府时就询问此地谁是好官，有人毫不犹豫地推荐陈鹏年。所以康熙早就确信陈鹏年是清官，识破了别人对他的陷害。

康熙不仅积极扶植清官，而且经常激励官吏们争当好官。康熙注重法律规章的建设，同时更重视官吏们本身的品质。他长期致力于发现清官、奖励清官，实现政治的清明，巩固政权。

康熙在积极扶植廉洁官吏的同时，也很重视惩治恶吏。康熙在肃清鳌拜以及他的党羽流毒之后，就把惩治贪官污吏作为一项重要的工作。在平定"三藩之乱"后，康熙审理以宜昌阿、金侨贪污逆产案为突破口，严治侵蚀兵饷及入官财物等案件。侍郎宜昌阿被派往广东查看尚之信家产，伙同广东巡抚金侨，侵蚀兵饷及入官财物，收受尚之信的商人沈上达贿赂的白银共89余万两及财帛等物，害怕被告发，又将沈上达灭口。此案经过半年多的审理、讨论，于康熙二十三年（1684）五月十八日结案，宜昌阿、金侨以及相关人员郎中宋俄托、员外郎卓尔图、尚之璋、宁天祚、王瑜等人处斩，王永祚绞刑，秋后处决。康熙清醒地认识到官场存在贪腐的不正之风，为此他决定重开风闻言事之例。

康熙发现官吏贪污多以苛索民财与隐匿公产的形式出现，便较早就注意清理与核查。康熙二十三年（1684），他派人清查各省钱粮，解决和防止督抚侵占挪用库银，徇私舞弊。结果就查出广西巡抚施天裔把康熙二十年（1681）、二十一年（1682）贮存的仓库银米用老百姓拖欠为由私自侵占，最后被康熙革职。

康熙三十六年（1697），康熙平定噶尔丹叛乱后，发现山陕地区民生非常艰难，于是先以年老力衰、不能胜任为由，解除了陕西巡抚党爱和按察使纳垒的职务。还是这一年，山西蒲州发生民变，百姓被迫逃入山中，康熙急忙派人前去安抚，并在五月十二日将山西百姓极为痛恨的巡抚温保及布政使甘度革职，缉拿回京城，交给刑部处理。继任的新巡抚倭伦一上任就兴土木，请求建造龙亭，遭到康熙的严厉斥责。七月二十三日，康熙行至宁夏后，将甘肃巡抚郭洪革职问罪，康熙认为州县等地方小官徇私都是因为上面的大官的科派导致的，如果只是州县的小官徇私，危害也就止于州县，但是上下勾结，串通一气，徇私枉法，危害就大了，所以不能心慈手软。康熙力图通过发现一案处理一案的办法，达到澄清吏治的目的。

有的官吏因为没有责任心而耽误公事的，也被追究责任。康熙二十六年（1687）十月，商人杨国清等人捐送给朝廷一批楠木，工部主管官员"日久未收"，事情败露，工部堂、司宫中阿兰泰和傅腊塔在位未久，傅腊塔居外任时颇优，康熙也未留情，将二人俱免调用，降级留任。

康熙二十六年（1687）十二月，侍郎额星格等人只因在喂养蒙古官马的时候，把自己的马私同喂养，影响较坏，被刑部查处，额星格等人被革职。另一个司官色黑臣因贪污草料银两肥私，被处以绞监候。对此，康熙是这样说的："你们的所作所为，朕越想越觉得可耻，鄙秽至极，此等贪利之人，也只能侥幸一时，富贵也不及子孙。"

"纵横交织"得感悟

康熙长期坚持整饬吏治，及时了解情况，明辨是非功过，进行奖惩，不断约束和引导官吏。那些贪腐的恶吏，被康熙革除；那些清廉的好官，被康熙提拔。康熙以民生作为考察官吏的标准，推动了察吏工作的发展与完善，在一定时期内提升了百姓的生活水平。

· 洞若观火，驾驭并消灭党争 ·

鳌拜专权时，康熙深受其苦。康熙亲政后，学习了儒家经典和历史著作，逐渐形成自己的认知。在他看来，大臣结党乱政，直接影响着国家的安危。早在"三藩之乱"时期，康熙就多次告诫大臣不要欺君罔上，结党营私。康熙十六年（1677），康熙指出："在结纳植党者，形迹诡秘，人亦难于指摘；然背公营私，人必知之。"但是事与愿违，在康熙身边，以明珠和索额图为代表的两支朋党势力已经开始形成。康熙十八年（1679）七月，已经有人向康熙汇报明珠和索额图"植党市权，排斥忠良"。康熙此时正忙于平定"三藩之乱"，因此只是下诏要他们好好反省，但二人没有悔改的意思，依然我行我素。于是，康熙不得不来打击朋党的斗争。

明珠在康熙五年（1666）授弘文院学士，在"三藩之乱"中与少数大臣主张撤藩，赢得康熙的信任。三藩平定后，康熙认为唯明珠能称旨，因此对他非常眷顾。利用皇帝的信任，明珠大肆招权纳贿，结党营私，其中著名的同党有大学士余国柱，尚书佛伦，侍郎傅喇塔等。在议会推选上，有其党为他附和；阁中票拟，明珠暗中操纵。在地方官的选拔上，明珠也竭力培养自己的势力。

索额图是辅政大臣索尼的第三子，原为康熙的一等侍卫。在康熙

◇◇◇ 人物档案 ◇◇◇

明珠，全名纳兰明珠（1635—1708年），叶赫那拉氏，字端范，建州叶赫（今吉林省四平市叶赫镇），满洲正黄旗人。迎娶英亲王阿济格之女，起家蓝翎侍卫、治仪正，迁为内务府郎中，历任内务府总管、六部尚书、都察院左都御史、武英殿大学士、太子太傅等要职。康熙二十七年（1688），因朋党之罪被罢黜，恢复议政内大臣、光禄大夫。于康熙四十七年（1708）病故，葬于北京市海淀区上庄镇皂甲屯西。

八年（1669）扳倒鳌拜时索额图立了功，深受康熙信任。但此人生性贪婪，喜欢培植党羽。在会试榜中，索额图选出其中的有名者，逼对方拜于自己名下，否则就予以贬抑。他还私下和自己党人库礼、江潢等人暗中讨论国事，随意指斥。对于异己，则直接排斥。翰林院侍读学士顾八代立有功劳，在康熙十八年（1679）京察，被其他官员评价为"政勤才长"，而索额图只因此人不是他的党羽，就随意将注改为"浮躁"，可见其猖獗。

相比之下，明珠看着为人谦和，轻财好施，给人一种好相处的感觉，其实也是个心狠手辣的人物。勇略将军赵良栋在平定三藩的收复云南战役上立了功，明珠暗中操作，让其无法升迁。赵良栋就在康熙面前说自己被明珠陷害，而康熙不知道内情，反而认为赵良栋心胸狭窄。

在这样的局面下，明珠的党羽也兴风作浪。余国柱担任户部尚书时，汤斌接替他为江苏巡抚，江南免除租金，余国柱则以部费为名向汤斌索贿，遭汤斌拒绝。结果余国柱就在别人面前诋毁汤斌。明珠有个仆人，他去哪里都受到隆重的接待，到苏州后，汤斌对他没

汤斌

有隆重接待，明珠知道后非常恼火。康熙二十六年（1687）五月，灵台郎董汉臣上书斥责明珠，明珠一党想要处死他。而汤斌却站出来维护董汉臣，并说服康熙赦免了他。明珠一党对汤斌恨之入骨，一直想方设法要陷害他。而他们数次对汤斌捕风捉影，在他的相关言论中抽丝剥茧，并加大宣扬，在康熙面前对汤斌予以诽谤。数次的诬陷，使得康熙对汤斌的印象急转直下。就在这一年十月，汤斌在明珠一党的迫害下病故，明珠一党的阴谋终于得逞。

康熙不是不知道明珠、索额图结党营私的事，只是没有抓住把柄。康熙曾在即位之初规定不准风闻言事，因此大臣多不敢言语。随着明、索二人结党的性质愈发恶劣，朝臣又恐于禁令而不敢弹劾，康熙逐渐觉得有必要废除禁令。

还是这一年，出现了严重的干旱，庄稼枯萎，康熙命日讲起居注官德勒格算卦占卜，德勒格在占卜解卦时深刻揭露索额图、明珠二人结党营私的事情，引起康熙的警惕。不久，于成龙（小，下同）又将明珠、余国柱结党营私的事件告诉康熙。康熙听完后将于成龙的话询问高士奇，高士奇虽然受明珠之恩到朝廷做了官，但他公正不阿地讲了明珠结交党羽的事情。康熙听完后很奇怪，怎么没人上书弹劾呢？高士奇回答："人熟不畏死？"康熙恍然大悟，终于意识到问题。当年十一月二十日，康熙向大学时宣布，恢复"风闻纠弹之例"。

禁令废除后，广开言路，大臣们终于敢揭露明珠等人了。就在康熙二十七年（1688）二月，御史郭琇直接参劾明珠、余国柱，逐一公开二人的结党营私的罪

纳兰明珠家庙

纳兰明珠的家庙即上庄东岳庙，位于北京市海淀区上庄镇，始建于明代。

第九章 经世策论以定国

163

状，包括指挥阁中票拟、假托圣旨、结连党羽等八大罪状。康熙读完后怒不可遏，当即告谕吏部，下令将明珠革职，其余投靠明珠的大学士也纷纷被撤换。明珠一党被严办。经过康熙的严办，明珠本人在革职后也老实了很多，最后落得善终。

而索额图呢，在康熙二十二年（1683）三月，被康熙指出三大罪责后，被革职，但仍任佐领。此外，他一直与皇太子胤礽来往密切，康熙看在皇太子的面子上，于康熙二十五年（1686），再次启任索额图，任领侍卫内大臣。此后，索额图一直作为"太子党"的成员，继续蛰伏在官场上。而到了晚年，康熙发现索额图和太子胤礽挑战皇权，于康熙四十二年（1703）以"议论国事，结党妄行"的罪名将索额图交宗人府拘禁，不久后下令处死，索额图的同党大多被杀、拘禁或流放，同祖子孙都被革职，他的两个儿子被处死。

读而时思之

　　明珠、索额图结党营私，危害之大，令人咋舌。面对这样的情况，康熙采取的是什么样的态度？你认可他的做法吗？

·生计问题，对旗务进行改革·

　　八旗制度是清代特有的政治、军事制度，对清朝的建立和统治具有重要作用。康熙在位期间，为了加强统治、集中皇权，采取各种措施改革旗务，进一步加强对八旗的控制和管理。

　　八旗是清代满族的社会生活军事组织形式，八旗制度是努尔哈赤于明万历二十九年（1601）正式创立。最初仅三旗：黑旗、白旗、红旗，后将三旗设为八旗：原红旗分为正黄、镶黄二旗；原白旗分为正

八旗军旗

从左至右、从上至下分别为正黄旗、镶黄旗、正白旗、镶白旗、正红旗、镶红旗、正蓝旗、镶蓝旗。

白、镶白、正蓝三旗；原黑旗分为正红、镶红、镶蓝三旗。合称八旗，统率满洲、蒙古、汉军。

清军一路打下江山，八旗子弟获得了不少利益。他们在统一女真各部落以及推翻明朝统治的战争中，获得了上百万人口、牲畜、甲仗、兵器，拥有无数金银财宝。清太祖努尔哈赤当时仿照明朝的官职，对作战有功之臣分别授予不同的官衔，统兵辖民，并根据贡献的大小，赐予大量的人畜财帛，供其享用。不少官将还领受敕书，子孙后代永远袭职。这样，就使满洲的八旗子弟在进关之前就已形成了一个贵族阶层，享受着特殊待遇。这种情况一直延续下去，到康熙时也不例外。

康熙在扳倒鳌拜后，为了加强皇权，打算对旗务进行改革。

康熙十六年（1677），康熙在设立南书房时规定"非崇班贵檩、上所亲信者不得入"，所以它完全是由皇帝严密控制的一个核心机要机构，随时承旨出诏行令。诸王、满族贵族和议政王大臣的权力被架空，同时将外朝内阁的某些职能移归内廷，实施高度集权。

对于庞大的王公贵族，康熙也采取了一系列强有力的措施，限制满洲贵族的权力，剥夺各旗王公干预旗务的权力，破除"军功勋旧诸王"统兵征伐的传统，削弱议政王大臣会议的政治影响等。八旗在顺治时分开始分为"上三旗"（两黄、正白）和"下五旗"（镶白、两红、两蓝），上三旗由皇帝亲自率领，下五旗由诸王、旗主分将。为了防止下五旗旗主、诸王野心增长，康熙逐步削弱下五旗诸王的一切特权，使八旗各级组织以及广大旗人都忠于皇帝，严禁诸王府商人和旗下的官员家人霸占河路、船只、垄断贸易。其次，严禁诸王以及旗下大臣勒索本旗所属在外任职的官员以及干预地方事务。第三，议处犯罪诸王，削藩，撤佐领。第四，更定宗亲王公袭爵法。第五，改革都统、副都统补授办法。

康熙从这五个方面抑制诸王的政治、经济特权，并借机会惩治。虽然被削去的爵位一般由他们的子侄承袭，但是新王的地位和影响已

经远远不能和其父辈相比，结果就是宗室诸王中年龄幼小的居多，他们很难崭露头角，也不会形成气候。

康熙为了提高皇权，借机惩办违法王公之外，还采取了扶植兄弟和皇子的政策，封以爵位，分给佐领，并令其参与议政，领兵出征，管理旗务等，进一步改变了开国诸王掌握用兵大权的传统。康熙为了缓解旗人和民人之间的关系，接受了于成龙的建议，实行旗人、民户合编保甲的办法，严惩不法旗人，同时派遣八旗驻防全国各地。

此外，八旗还面临一个严重的问题，那就是生计。八旗入关之初，所有官兵按照规定分发房地、粮饷。康熙执政后，征战逐渐减少，旗人仍然只准从军应征，不许从事其他产业活动，所以旗人除了每个月的工资就没有其他收入了，生计出现问题，八旗内部出现贫富两极分化。

康熙三十四年（1695）五月，清政府有关司署经过调查，得知京师地区八旗兵丁无房舍者有7000余人，便在城外按各旗方位，每旗各造屋2000间，无屋兵丁，每名给两间，不许买卖，兵丁死后没收入官。随着八旗生计问题日益严重，内部贫富的分化，许多士兵陷入高利贷的罗网，月饷的一半以上要支付借款的利息，以至成年不得娶妻，死后没有葬地。

康熙三十七年（1698）十一月，康熙对大学士说："现在满洲斗殴持刀杀人的事件屡有发生，可见习俗败薄，必使迁淳归厚才好。"为了解决八旗的生计问题，除为穷苦兵丁建造房屋外，康熙采取了以下一些措施：提高满洲甲兵的月饷；将余丁归并，成立新佐领，使闲散人可以披甲当差，解决亡故军士葬地及贫困兵士妻室、住房问题；凡遇灾荒，赈济贫民，八旗甲兵一律沾恩，而且比较优厚；增加出征补助；设立官军，代清旧馈；对老年及出征伤残人员，给予临时补助；增派驻防，缓和京师地区八旗生计紧张状况；教导旗员，抵制奸商。

康熙四十九年（1710），某些八旗官兵将所支米不运家中，而是即行变卖，以图微利，清政府针对这种情况，决定以后户部计口支放，余者照时价给银。

这些措施的实行，在一定程度上缓解了八旗生计问题，稳定了军心，对封建统治的巩固有益。但也要指出的是，在康熙眼里，八旗依然在国家中处于优越地位，他们并不需要组织生产劳动，也不需要自己创造财富，朝廷只是采取一定措施来抚恤他们，并没有从根本上解决问题。在国家的包容下，八旗子弟不进行生产，生活腐化，养尊处优，不学无术，使自己更加贫困。

读而时思之

八旗是清朝特有的一项制度，康熙在位时，对八旗制度进行了一定的改革。你认为他的改革是成功的吗？

·四出巡幸，以丰富治国之道·

康熙一生中进行了多次巡幸活动。不论是关外、漠北，还是江南、秦岭，都留下了他的踪迹。通过巡幸，康熙知民情，兴利除弊，了解天下，巩固统治。

康熙最先巡幸的是辽东地区，这里是清朝的发祥地。清军入关后，清朝政治重心南移，但东北地区依然被清朝统治者所重视。康熙本人在康熙十年（1671）、二十一年（1682）、三十七年（1698）三次巡视盛京、吉林。三次东巡，康熙的共同主题是拜谒祖陵。康熙十年，清军入关后，局势相对稳定，为了告慰努尔哈赤、皇太极两代先祖的灵魂，康熙首次出关拜谒，这次拜谒也是为了实现其父顺治未完成的志向。第二次拜谒是在康熙二十一年，此时他刚平定"三藩之

乱"，除了谒陵，康熙还率群臣至松花江畔，遥望长白山，拜谒满族人传说中的始祖。康熙三十七年，康熙平定噶尔丹叛乱后再度东巡谒陵。康熙三次谒陵，向列祖列宗和臣民表示自己不负祖宗所期，不负百姓的拥戴。

除了祭奠祖宗，康熙东巡还有个现实的目的，那就是督察防务。东北地区有少数民族部落，境外还有沙俄虎视眈眈，因此康熙必须处理好东北的事务。首次东巡拜谒祖陵后，康熙召见宁古塔将军巴海，询问宁古塔以及瓦尔喀、虎尔哈等各族人民风貌情况，并特别告谕巴海要防范俄罗斯。第二次东巡，康熙又巡视了吉林乌喇，此地为清朝重要的造船基地，水陆交通要地，还是修船、训练士兵的重要基地。康熙在这里检阅水军，我们在前文已经提过。第三次东巡，清朝此时不仅刚平定噶尔丹叛乱，亦是与沙俄签订《尼布楚条约》后不久，康熙接见驻守官员，对抗击沙俄有功劳的官兵予以奖励和慰问。

康熙东巡还有个目的是"问俗"。清军入关以后，不少边远地区的满族人民纷纷归顺，对此，清廷一概欢迎，并将他们编入八旗，号为"新满洲"。为了表示对他们的关怀之情，康熙每次东巡，都要对当地的贵族、官吏、士兵、百姓予以恩赐。

在康熙的巡幸中，巡视次数最多的是塞外。康熙在平定三藩前就于康熙十六年（1677）首次北巡。平定三藩后，康熙在康熙二十年（1681）四月再度北巡，并在塞北蒙古地区建立了木兰围场。此后康熙一直到病逝，几乎每年都要去木兰围场。

清朝在入关前就和蒙古通好，比如康熙的祖母孝庄皇太后就是来自蒙古。为了加强对蒙古的管理，巩固边防，康熙在第二次北巡时建立了木兰围场。木兰是满语，意为"哨鹿"。它位于内蒙古中心地带，战略地位险要，总面积一万余平方千米。这里是清兵打猎习武的猎场，也是康熙安辑蒙古各部的禁苑。在木兰围场每年都会举办秋狝大典，蒙古贵族纷纷赶来，各路英雄浩浩荡荡地围猎；之后还举办宴会，蒙古各部演奏音乐，摔跤赛马，好不热闹。通过这些活动，清朝

康熙传

第九章 经世策论以定国

和蒙古联络感情，加深友谊，更加团结。

康熙后期，为了更好地处理蒙古事务，从康熙四十一年（1702）开始，康熙在北京到木兰围场的途中建立行宫，这些行宫以避暑山庄为代表。避暑山庄的建立具有重要的政治意义，康熙逐步在这里处理蒙古事务，加强北方边防。此外康熙还修建了外八庙，通过宗教来团结蒙古、西藏、青海、新疆等地的少数民族。康熙巡视塞北和所进行的一些活动，对促进少数民族团结具有不可忽视的作用。

此外，康熙重视塞北的巡幸还有一点是因为木兰围猎具有军事性质，通过此项活动可以保持满族贵族和八旗子弟的勇猛斗志。在"三藩之乱"

"避暑山庄"匾额

此匾额为康熙帝御笔。

中，康熙发现很多王公贵族不敢作战，康熙对此深恶痛绝，他也意识到，八旗子弟贪图享乐，不好好训练的话会产生严重后果。于是他在木兰围猎时，要求各部官员都要参加，以"娴习骑射"。通过二十天左右的训练，磨炼王公贵族的意志，培养他们吃苦耐劳的精神，保持骁勇善战的本色。每次围猎，康熙本人亲自上阵，要求围猎士卒纪律严明，勇敢追杀。对违纪者、怯阵者加以惩处，对勇敢者大加鼓励。木兰围猎对提高八旗官兵的战斗力产生了促进作用。

在巡幸活动中，康熙还曾六下江南。江南人口稠密，物产丰盈，文化发达，在朝中做官者很多。平定三藩后，康熙在康熙二十三年（1684）至康熙四十六年（1707）先后六次南巡。

康熙南巡，首要任务是督察河务。黄河水患历代都出现过，到了清朝初年更加严重。康熙二十三年（1684），康熙首次南巡，在江南河道总督靳辅的陪同下来到宿迁，亲自视察黄河北堤岸，并嘱咐靳辅加强维修。康熙二十八年（1689）正月，康熙第二次南巡，经过巡视，充分肯定了靳辅的治河方案。康熙三十八年（1699），康熙第三

亲巡河务

次南巡，此时靳辅已经过世，河道总督于成龙不久也病故，康熙命张鹏翮担任河道总督。张鹏翮充分贯彻康熙的治水思想，治河工作卓有成效。康熙四十二年（1703）正月，康熙第四次南巡，此时各项工程完工，黄淮基本无患，康熙对张鹏翮的治河成果进行验收。康熙对张鹏翮的工作表示满意，并提出了细微的建议。康熙四十四年（1705）二月，康熙第五次南巡，视察黄河中河南口的改建工程，并了解周围百姓的生活状况。当他看到杨家庄新开中河闸口附近堤岸坚固，百姓安居的状态，甚为高兴。康熙四十六年（1707）正月，康熙最后一次南巡，观察河形，看到黄河水患终于得到控制，他的心情更加愉悦，因为他的治河工作取得了圆满成功。

康熙视察江南，体察民情、关心百姓疾苦也是重要内容。康熙在第一次南巡之前就告示天下，南巡是为了"体察民情，周知吏治"。

《康熙帝南巡图》（局部）

为了防止在南巡期间有地方官员借机搜刮百姓来讨好他，他特别强调，沿途的供用"毫不取之民间"，一旦发现，定从重治罪。此后几次出巡，他都先行告谕。

为了减轻老百姓的负担，康熙每次出巡都减免灾区的钱粮正赋。康熙第二次南巡时途经山东，百姓夹道欢迎。康熙问地方官本地的收成，得知百姓安业，为此，康熙下令免除次年山东地丁正赋。到了江南，又蠲免了江南历年积欠，包括地丁钱粮、屯粮等杂税，一共220余万两，受到江南百姓拥护。

此外，康熙南巡还检查了各地吏治，祭扫了明陵，相关内容在前文已有提及。康熙六次南巡，亲自制定方略，解决了黄淮水患，确保了漕运的畅通。同时慰问百姓，督察官僚，祭扫明陵，消除江南人士对朝廷的不满，笼络江南地主阶层，加强清朝的统治。

除了东北、塞外和江南，康熙还巡幸过曲阜、秦中、五台，重点巡视过京畿地区。京畿地区拱卫京师，具有重要战略意义。康熙将此地作为了解全国的窗口，并做出各种判断和决策。比如康熙三十八年（1699），康熙视察永定河的修治工作，亲自巡视治河工事，后来康熙南巡治理黄淮提出相关策略，就是根据治理永定河的经验。康熙经常巡视京畿，也增强了京师的防卫。

"纵横交织"得感悟

康熙多次巡幸，体察民情，检查吏治；督察边防，检验军事；木兰围猎，联络蒙古；视察治河，施恩江南。康熙的巡幸对政治的清明、百姓的民生、边疆的稳定、国家的长治久安都具有不可忽视的作用。值得一提的是，他的孙子乾隆皇帝就是继承了他的这种作风，多次出巡。正是通过康熙的努力，清朝统治进入全盛时期。

康熙传

第九章 经世策论以定国

第十章

重视经济，致力民生

经济和民生是国家的命脉，在这方面，康熙做了许多行之有效的措施。他能够以民生为重，稳定国家经济。在农业上，他蠲免赋税；在工商业上，他利商恤商；在河务上，他积极治理黄、淮，疏通漕运；在矿产的开与禁上，他根据情况采取不同政策。康熙在这些方面的作为对清朝具有重要意义，为"康熙盛世"奠定了坚实的基础。

· 发展农业，鼓励农耕蠲免赋 ·

农业发展是康熙年间的一个不小的问题。明末清初，社会动乱，经济遭到严重破坏。康熙即位时，全国只有580万公顷田地，比明万历年间少了150万公顷。康熙深知国家的安定离不开农业，因此采取各种措施鼓励农业生产。康熙说："农者所以食也，桑者所以衣也，农事伤则饥之原，女红废则寒之原。"

康熙初年，由于连年战争，出现大量荒地。康熙采取了一系列措施来奖励农耕，恢复社会经济。

首先，官贷牛、种。开荒离不开耕牛和种子。康熙四年（1665）五月，朝廷决定对湖广归州、巴东、竹山等州县的流民通过贷牛、种子的方式来开垦田地。过了两年，康熙下令让河南、山东、山西、江南等地官兵开垦荒地，每人50亩，"预支本年俸饷，以为牛、种"。这种方式被一直推广了下去。农民获得土地，就提高了生产的积极性。

为了保证军粮供应，康熙还部署了边疆屯田。康熙二十五年（1686），他命令副都统马喇到黑龙江督理农务。康熙三十一年（1692），命令都统瓦代等人到蒙古达尔鄂莫等地耕种。康熙三十二年（1693），命令大臣公坡尔盆等去归化（今内蒙古自治区呼和浩特市）等地督耕。在派人耕种的同时，康熙还亲自提出耕种的要求。

从开垦荒地到庄稼丰收，通常需要两三年甚至以上的时间。农民开垦荒地后，官府就要起科（征收钱粮），这会导致农民的收入锐减，影响开垦的积极性。康熙朝实行的起科年限从四年到六年不等，最后在康熙十八年（1679）确定为六年。康熙的宗旨是放宽起科年限，调动农民的积极性。

经过踏实的垦荒，加上内部局势的稳定，到了康熙二十四年（1685），全国民田增加至608万公顷。到了康熙后期，全国田地总数已经超越了明万历初年的水平。耕地面积增加，使小农经济结构得到恢复。

另一方面，为了减轻百姓负担，康熙采用蠲免钱粮的方

康熙朝绘制的《织耕图》中耕地的场景

法推行轻徭薄赋的政策。蠲免措施大致可以分为灾荒蠲免、逋欠蠲免

和大规模普遍蠲免。

灾荒蠲免是清朝赈灾措施的重要方面。凡遇到干旱、冰雹、大雪、虫害、地震等自然灾害，朝廷不仅提供赈济，还根据灾害程度蠲免田赋。康熙四年（1665）三月，朝廷决定"以后受灾州县，将本年钱粮，先暂停征十分之三"，这说明最低蠲免的比例是十分之三。逋欠蠲免就是蠲免多年累计亏欠的赋税。而大规模普遍蠲免则是在平定"三藩之乱"后进行的。

每当出现灾荒，康熙立刻想办法赈济。康熙三十年（1691），陕西西安、凤翔等地出现旱灾，官员没有及时上报，导致大批灾民流离失所。康熙非常忧虑，决定蠲免该地第二年应征银米，并从山西拨银20万两。接着，他又从宁夏、襄阳、山西等地调拨粮食和银两，接济陕西军需，赈济饥民，然后将赈济过的流民造册题报，同时将隐瞒灾情、救助不力的官员革职。次年四月，为了吸引流民回到原籍，康熙再次下令发放100万两库银。

康熙在农业上的种种措施扭转了土地荒芜、生产不积极、民生贫困等情况，使社会进入良性的发展轨道。通过蠲免赋税、赈灾等措施，减轻了百姓的负担，巩固了清朝的统治基础，缓和了阶级矛盾。康熙对民生的重视，天地可鉴。

·利商恤商，推进工商业发展·

康熙即位时，清朝的工商业也是一副烂摊子。这时，强索贱卖、关卡林立的现象屡见不鲜，商民"有输纳之苦，有关津之征苦，有口岸之苦"。在官府和恶吏的压榨下，清初的工商业非常萧条。

康熙亲政不久，在"三藩之乱"前依然延续旧制。平乱后，康熙开始思考这种做法是"重困商民"，必须要改变。康熙表示："所有现行例收税溢额，即升加级记录，应行停止。"康熙认为，只有商业和农业共同发展，国家才能兴盛。为此，他提出"利商""恤商"的口号，振兴商业。

为此，康熙实施以下措施。

第一，废除手工业者匠籍。匠籍就是官府给手工业者设置的户籍。手工业者对国家具有人身依附关系，要按照规定缴班匠银。康熙即位后，全国匠户逃散，匠籍名存实亡，无法征收班匠银。康熙下令，将班匠银改在地赋中征收，匠籍随之废除。这样可以让手工业者的人身依附关系更加松弛，有利于手工业发展。

第二，反对增加商税。康熙二十一年（1682），两淮巡盐御史堪泰请求每斤盐加课银三钱，遭到康熙的回绝。康熙二十五年（1686）六月，闽海税务督理吴什巴看到做生意的都不是本地人，就请求康熙效仿广东，希望增加"丈船抽税"。康熙再次拒绝。随后，康熙还下令减征两淮盐课 20 万两。

第三，惩治不法官吏。当时一些官员利用自己的权力对商业从业者进行勒索。为了保护商业者的利益，康熙颁布了相关法令，比如禁止官吏扰害行户；禁止官吏封征商船运兵作战等。康熙年间，康熙惩处了一批扰乱商业的官吏，比如康熙六年（1667），安徽全椒县知县克扣商户银两，被发配宁古塔；康熙四十二年（1703），山西河东盐院景仕诈害商民被革职等。

第四，统一度量衡。康熙二十三年（1684），康熙下令统一钱币的重量；康熙四十三年（1704），康熙规定各省统一计量单位"升"和容量单位"斗"。康熙五十七年（1718），康熙规定 16 两为 1 斤，并更新了升的标准。这样就消除了度量衡不统一的障碍，促进了商业的繁荣。

第五，禁止士兵抢劫商民。康熙二十二年（1683）八月，康熙谕令荆州将军葛尔汉："自将领以至兵丁，宜严行禁饬，凡市肆要地，毋得侵占。"康熙不仅禁止官兵掠夺商人财物，更注意不让自己的亲兵勒索商人。

第六，严禁关津故意延误商人过关。康熙二十八年（1689），康熙二次南巡时，要求："凡商民抵关，交纳正兑，即与放行，毋得稽留苛勒，以致苦累，违者定行从重处分。"

"纵横交织"得感悟

康熙对工商业所采取的各项措施，使社会经济有了较大的恢复。农业、工商业的发展，使商品经济交流的加强成为必然需求。全国形成一个巨大的市场，互相促进。清王朝成为一个经济繁荣、政治清明、国力强盛的国家。

·唯才是用，选人才治理河务·

中国历史上，黄河经常泛滥成灾，给流域内的百姓带来了巨大灾害，严重影响了民生，也威胁着国家的长治久安。自古以来统治者都很重视河道的治理工作。而康熙也是一位治河成绩相当优秀的帝王。

黄河的治理，历朝历代都下了力气，但一直没有从根源上解决问题。河南、江苏一带连年发大水，百姓深受其害。清军入关后，顺治时期，黄河决口达20次之多；康熙元年（1662）至康熙十五年（1676），黄河决口45次。黄河水患问题无时不困扰着康熙。每逢水灾，他便派人巡视河工，掌握情况，采取对策。但康熙亲政之初，国家财力有限，无法全面治理，只能通过小修小补来应应急，无法进行大规模工程。

随着情况的好转，康熙准备开始治理黄河。但"三藩之乱"爆发了，康熙不得不把精力放在平叛上，治河之事又被耽搁。此后黄河一直泛滥，直到康熙十五年，江南被淹，河道受阻，黄、淮大涨，酿成了更大的灾难。因此，虽然此时国家财政非常吃紧，但康熙还是决定拿出部分银两来治河。康熙十六年（1677），康熙任命安徽巡抚靳辅为河道总督，从此，黄河的治理开始走向正轨。

靳辅早年间担任过内阁中书、内阁学士、安徽巡抚等官职，后被康熙看中，负责治河工作。靳辅感激皇上的知遇之恩，受命后一个月就赶赴宿迁总河行署上任。上任之初，靳辅就虚心向水利专家陈潢请教，"遍历河干，广咨博询"，花了两个月的时间实地调查，无论官绅、民兵还是工匠，凡有可取之言，无不虚心采纳。经过一番努力，靳辅心中有数，总结了治河的总方略，拟《经理河工八疏》呈现给康熙。

靳辅的治河方案受到了康熙的大力支持。康熙十七年（1678）正月，康熙批准钱粮 250 余万两修河，限定三年内完工。

有了康熙的支持，靳辅开始实施他的治河方案。具体措施是：开清口烂泥浅引河四道，疏浚清口至云梯关河道，创筑关外束水堤 1.8 万丈，塞堵王家冈、武家墩大决口 16 处；修建王家营、张家庄减水

靳辅（1633—1692），字紫垣，辽阳州（今辽宁省辽阳市）人，隶汉军镶黄旗，水利工程专家。康熙十年（1671）授安徽巡抚，参与平定三藩。康熙十六年（1677）任河道总督。勘察黄河水患，提出整治的详细方案，并积极组织实施，终使堤坝坚固，漕运无阻。康熙三十一年（1692）十一月逝世，赐祭葬，谥文襄。后追赠太子太保，予拜他喇布勒哈番世职。著有《治河方略》，为后世治河的重要参考文献。

坝 2 座，筑周桥翟坝堤 25 里，加培高家堰长堤，对山阳、清河、安东三县黄河两岸及湖堰大小决口尽予塞堵；塞堵杨家庄决口，增建高

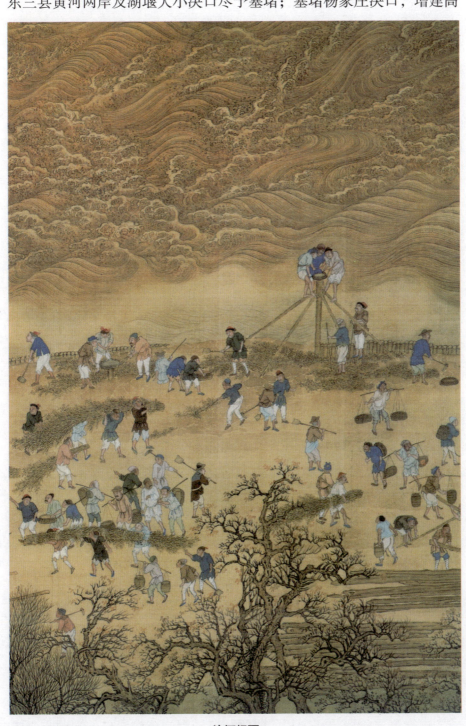

治河场面

邮南北滚水坝8处、徐州长樊大坝外月堤1689丈；塞堵宿迁徐家湾、萧家渡决口。

靳辅治河的工程遇到了一定的困难。在治河过程中，黄河又发了两次大水，河道一再决口，工程受阻，有人就借此机会否定靳辅的治河方略。康熙二十一年（1682）五月初八，康熙派户部尚书伊桑阿、左副都御史宋文运等人前往江南勘阅河工。人还没出发，候补布政使崔维雅就提交了二十四款条议，对靳辅的治河工程予以全盘否定，主张拆毁所有工程。康熙命令勘阅河工的大臣带领崔维雅，"会同总河靳辅确议具奏"。临行前，康熙特意告诉大臣要与靳辅"共同商酌""勿各执己见"，但是伊桑阿等人依然极力挑刺，以崔维雅的二十四款质问靳辅。

面对质疑，靳辅逐一答复、批驳，有理有据。但是此时又有人站出来，要求换掉靳辅。康熙认为，这时候如果再任用他人，"则旧官离任，新官推诿，必致坏事"，所以想继续任用靳辅。康熙二十一年（1682），康熙决定让靳辅继续修理河道，崔维雅的二十四款遭到彻底否决。康熙二十二年（1683）七月，第一阶段各项工程相继完工。

治理工程完毕后，淮扬地区依然存在水灾。康熙在南巡中于康熙二十三年（1684）九月，在郯城红花铺（今山东省临沂市郯城县红花埠）接见了靳辅。康熙对靳辅的成绩表示肯定，并赐书《阅河堤诗》。在巡视中，康熙也发现一些问题，比如水坝虽然能分泄涨溢，但也存在着"水流浸灌，多坏民田"的弊端；高邮等地"虽水涸，民择高阜栖息，但庐舍、田畴仍被水淹"，感到忧虑。

靳辅在治理下游工程结束后，开始把重心放在黄河中游上。这一阶段的工程有：筑河南考城、仪封、封丘、荥阳等各处河堤不等；凿睢宁南岸龙虎山减水闸4座；开辟中河。靳辅决定在清河县西仲家庄建闸，上自宿迁、桃源、清河北岸，从仲家庄闸进入中河，然后北上。

进行第二阶段治河工程的时候，靳辅因为疏浚海口的问题与于成

龙（小，下同）出现争
论。首次南巡后，康熙
下令由安徽按察使于成
龙管理下河事务，负责
疏浚海口，排出高邮、
宝应一带的积水，要求

清人绘《治淮图》（局部）

于成龙和靳辅"彼此协同"。对于这个做法，于成龙赞同，而靳辅表
示反对，提出"筑堤束水以住海"。二人各执己见，康熙则希望靳辅
同意疏浚海口。靳辅据理力争，结果在康熙二十七年（1688）三月被
革职。

靳辅被革职后，朝野之间掀起一股彻底否定他的风暴，有人甚至
要求彻底废除靳辅已经完成的治河工程。过了一个月，康熙特派学士
凯音布等人前去勘察靳辅被撤职前完成的中河工程。为了考察中河工
程的意义和价值，康熙在康熙二十八年（1689）正月第二次南巡，命
靳辅和于成龙随行。通过一路的见闻，康熙帝终于认识到靳辅的判断
是正确的，回京后，康熙表示，靳辅实心任事，朕对他的革职处理错
误了，如今就恢复他以前的官衔吧！但靳辅复职不久，即因操劳过度
而病倒，在康熙三十一年（1692）十一月在任上去世。康熙闻讯悲痛
不已，降旨哀悼。

靳辅之后，康熙先后任用过于成龙、董安国，但治河效果有限，
治河工程在后来基本由康熙帝本人来设计指挥。康熙积累经验后，行
程了新的认识——"上河既理，则下流自治"，要把治理重点集中在
上河。而上河的治理关键在于解决河水倒灌问题。康熙三十八年
（1699）二月，康熙开启第三次南巡，对治河进行详细部署：第一，
深浚河底，将清口以西的河道浚直，用急流之水冲刷泥沙，达到浚深
河床的目的；第二，修改清口，将黄淮之堤各迤东弯曲拓筑，使其斜
行旁流，避免黄河倒灌；第三，拆毁董安国修筑的拦黄坝，保持黄河
下流通畅；第四，将高邮一带的河水引出归江，减轻下河的压力，迅

速排出高邮、宝应一带的积水。

这次南巡，康熙甚至提出使黄河河道北移的设想，以保清水流通。从这一点来看，康熙的治河思想已经超越了靳辅。靳辅治河，只重视筑堤束水攻沙，而没有顾及下河百姓的利益；康熙提出的方法，既要治河济运通漕，也要保护民生，体现了伟大帝王的宽广胸怀。

但是康熙的部署并没有被于成龙执行下去。尽管康熙多次督促，但没有取得进展，这令康熙非常不满。康熙三十九年（1700），于成龙病故，康熙命江南江西总督张鹏翮调任河道总督，从此河工进入了一个新的发展阶段。

张鹏翮上任后，遵照康熙的谕旨，大力治河：拆拦黄坝，挑浚河身，以便与上流宽深相同；在张福口开引河，引清水入运抵黄，建河闸以启闭；疏浚芒稻河使其畅通，并疏浚凤凰桥引河及双桥、湾头二河，都汇入芒稻河入江；开浚引河、运口，培修河岸堤坝……张鹏翮用了三年时间，于康熙四十一年（1702）完成了工程。

康熙四十二年（1703），康熙第四次南巡，对张鹏翮的河工予以验收。结果令康熙非常满意，康熙只做了一点点微小的调整和补充。康熙对张鹏翮予以嘉奖，赐其《河臣箴》《淮黄告成诗》。

这一年秋天，张鹏翮又移建中河出水口于杨家楼，清水畅流，海口通畅，河底日深，黄河水没有了倒灌之忧。

康熙四十四年（1705）二月，康熙第五次南巡，这次实地考察河南口改建工程，他再一次对张鹏翮所做的工作表示肯定，同时也提醒张鹏翮不要骄傲自满。此后，张鹏翮和江南江西总督阿山为防治洪泽湖水浸入泗州（今江苏省泗县）、盱眙，想在泗州之西开河，分开淮水，减弱上流水势。由于这是一项新的工程，因此张鹏翮奏请康熙来定夺。

康熙四十六年（1707）正月，康熙在第六次南巡中实地考察，认为张鹏翮等人的做法会破坏民田房舍，还会毁掉许多坟冢，于是拒绝了这个做法。

康熙不仅重视对黄淮两河的全面治理，对于另外的一些河流也进行了修浚，比如永定河。永定河原名无定河，此河经常溃决改道，造成危害，但不被历代统治者所重视。康熙三十一年（1692），康熙采纳直隶巡抚郭世隆的建议，疏浚永清东北的无定河故道，使顺流归淀。康熙三十七年（1698），又以保定以南诸水与浑水港湾，势不能容，时有泛滥，康熙亲自实地考察后，命于成龙治理，效果显著。康熙大悦，亲自将无定河改名为永定河。

读而时思之

治理水患，可以追溯到上古时期的大禹治水。历代统治者都很重视治河工作，康熙在这方面可以说是交上了一份优异的答卷。在任用治理河务的人员上，康熙先后启用了靳辅、于成龙等人，并亲自南巡现场勘察工程。你觉得康熙有哪些做法值得称道？谈谈你的感想。

· 矿产政策，开矿禁矿中摇摆 ·

康熙年间，康熙帝在矿业的政策上摇摆于开矿与禁矿之间。初期，康熙禁矿；中期，康熙开矿；晚期，又禁矿。康熙这样做不是一时喜怒的结果，而是有着深刻的社会原因。

康熙即位之初，依然沿袭前朝的禁矿政策。比如康熙十一年（1672）六月，康熙认为京城德胜门外的煤窑正处于"都城来脉，风水所关"的局面，就下令封闭，并要求一个月内拆毁；康熙十年（1671），浙江山阴县有人偷着采矿，被当地官府下令禁止；之后从康熙十三年（1674）到康熙十七年（1678），民间出现的采矿行为也都被官府禁止。不过，康熙并非一味禁止开矿，因为金、银、铜、铁等金属是铸造货币、日用器具的材料，开采这方面资源是被允许的。康熙十四年（1675），朝廷下令：各省产铜、黑白铅处，如果本地百姓愿意开采，可派官员进行监督。康熙十九年（1680），康熙下令各省开采所得金银，将其中的四分送到户部。可见，康熙初年，矿业开采仅限于少量金属，而且矿场都由官员监督，并没有利益可图。

随着清朝的稳定，禁矿政策越来越不相适应。平定"三藩之乱"后，康熙开始思考调整政策。

康熙十八年（1679），国家出现铜短缺的麻烦。三月二十日，康熙在殿试中出题，其中一个便是如何解决铜不够用的问题。当时有两种主张，一是广开矿源，二是禁民耗铜。来来去去，也都没想到太好的办法。康熙去问户部想办法，户部给出的建议之一是"开采铜铅"。同年，朝廷修改征科办法，规定各省采得铜、铅，其中二分交官，八分听民交卖。这样，开矿的限制变宽，禁矿政策松动了。

平定"三藩之乱"后，云贵总督蔡毓荣给皇帝上《筹滇十疏》，其中有一条专门论述矿业政策。蔡毓荣认为，开矿利国利民，主张"矿夫既采，矿税自盈"，可以改变云南的经济，使社会更加安定。他认为让民间自由采矿可以解决官家矿场资金不足等问题，还能让百姓和国家都得益。康熙采纳了他的建议，下令立即批准执行。

开矿以后，云南的矿业开采得到迅速发展。许多无业百姓纷纷申请，外地的富豪也纷纷加入进来。官府也派人前往矿地，召集人员开采。一时间，整个云南呈现出繁忙的采矿景象。接着，广东、广西、四川、湖南、贵州等地也相继发展矿业，开矿采矿。随之而来的是矿物产量剧增，朝廷的税收不断上涨，矿场规模迅速扩张。1684年，全国只有9座大型矿场，到了1707年直接增加到55座。矿业的发展大大地推动了社会经济的发展。

不过到了后期，康熙又实行了禁矿政策。在康熙眼里，工矿仍然是末，而不是本，他仅仅把开矿视为权宜之计，没有从根本上重视起来。而一些保守派则抛出了开矿"有伤风水龙脉""扰民""易聚难散"等观点，而"易聚难散"的观点确实影响到康熙，使他对开矿提心吊胆。

康熙四十三年（1704），康熙宣布："开矿之事对各地没有什么好处，以后再有申请开采的，都不批准了。"康熙五十年（1711），他又以"开采不便"为由，决定将湖南的矿场"永为封禁"。

康熙后期的禁矿政策是对中期开矿政策的倒退。从历史来看，康熙的禁矿政策还是消极保守的。

读而时思之

康熙帝的矿业政策经历了从禁止到开放再到禁止的变化，我们肯定康熙开矿对社会、经济发展的推动作用，也不能忽视其禁矿的消极影响。你认为康熙禁矿的深层原因是什么？

兴文重教，崇尚科学

康熙年幼时就熟读儒家经典，因此亲政后树立尊孔倡儒的理念。正因如此，康熙对教育事业格外重视，兴办学校，培养人才，整顿科场不放松。在编修典籍上，康熙也颇有作为。此外，康熙还对科学技术有着浓厚的兴趣。尊崇孔孟与程朱理学，注重教育发展，编修典籍，崇尚科学，康熙不愧于圣明的帝王。

◆ 尊孔倡儒，程朱理学得推行 ◆

自西汉起，历代封建统治者都尊儒家思想为正统。清朝崛起后，为了建设和巩固政权，也开始学习汉族传统文化和治国理论。康熙从小受到汉族传统文化影响，在位期间全面贯彻崇儒重道。

康熙帝尊孔倡儒，这在他巡视四方时得以体现。康熙八年（1669）四月，康熙率领诸王、大臣到太学祭孔子；康熙二十三年（1684），康熙首次南巡便到曲阜的孔子庙亲自祭孔，这些在前文中

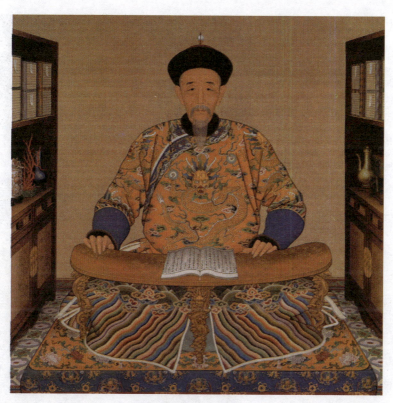

康熙帝读书像

都有介绍。

康熙非常赞颂孔子和孟子，康熙二十六年（1687），康熙先后作《至圣先师孔子庙碑》《孟子庙碑》《至圣先师孔子赞》《孟子赞》等，将孔孟的思想作为治国思想，并大力推崇。可以说，康熙对孔孟的赞美，已经达到无以复加的地步。

但毕竟孔孟时代距离清朝已经非常遥远了，宋明以来，儒家内部也产生了分支，具有不同的思想流派。康熙斟酌过后，又将崇儒重道发展为尊奉程朱理学，以达到加强思想统治的目的。

程朱理学是宋明理学的主要派别之一，由北宋周敦颐、程颐、程颢等人创立，到南宋朱熹集为大成。程朱理学认为"理"先天地而存在，具有永恒、至高无上的地位，具有客观唯心主义思想。和程朱理学同一时期还存在另一个派别，即陆九渊、王守仁的心学，他们认为"心"是万物本源，这和程朱学说相对立，是主观唯心主义。南宋后期，历代统治者都把程朱理学作为正统，而明中期后陆王心学得到发展，和程朱理学齐头并进。清朝入关后，统治者无暇顾及，到了康熙这里，康熙更加意识到程朱理学对巩固封建统治的重要性，倡导程朱理学。

康熙帝推崇程朱理学，受到了熊赐履的影响。熊赐履信奉朱学，以朱熹注《论语》的讲解，开始了康熙朝的日讲。熊赐履每天给康熙讲解"天理人欲之分""俯仰上下只是一理"

《至圣先师孔子庙碑》

此碑是康熙皇帝为称颂孔子功德而制，赞辞中寄寓了其对孔子功业的尊崇。现存于北京的孔庙和国子监博物馆。

等朱学理论，慢慢地，康熙受此影响，开始将程朱理学作为正统哲学。

在康熙看来，朱熹"集大成而绪千百年绝传之学，开愚蒙而立亿万世一定之规，穷理以致其知，反躬以践其实"。为了宣扬程朱理学，康熙亲作《理学论》，提倡学者应该格物致知，走程朱之路，将朱熹列升为大成殿十哲之一，给程朱的祠堂和讲学的书院赠送牌匾和物品。

为了提倡程朱理学，康熙还大力刊印程朱的书籍。他命人重新修订《性理大全》，并亲自作序。此书纂修于明永乐年间，收录了程朱等人的理学语录。此外，康熙还命熊赐履等人收集朱熹的名句，编为

《朱子全书》，并亲自作序。康熙在晚年说："朕敦好典籍，对于理、道等有关论述尤为留意，而且在位日久，玩味愈深，体之身心，验之政事，越发认识到其确然不可易。"

为了让程朱理学切实发挥出社会作用，康熙还提出"倡导真理学、反对假理学"的观点。康熙二十二年（1683），康熙帝在对日讲官张玉书的口述中说"若口虽不讲，而行事吻合，此即真理学也"，提出了真理学和假理学的区别，即行事符合封建伦理道德的才是真理学，反之是假理学。

因此，对于那些言行不一的所谓理学名臣，康熙毫不留情地予以鞭笞。比如康熙三十三年（1694）闰五月，他在和大学士等人的讲话中集中揭露、抨击了那些所谓的理学名臣，把他们"挟仇怀恨"、倾危同僚以及"务虚名而事干渎"的丑行公之于众，揭开了他们的伪装。

读而时思之

康熙崇儒重道，提倡真理学，他这样做的真正目的是什么？

·发展教育，兴办学校育人才·

无论古代还是当今，教育事业都具有重要的意义与作用。在封建时代，教育能够为各级官僚机构输送大批人才，对巩固封建统治具有重要作用。康熙自然不会忽略教育的力量，他一直关注教育事业，推动教育事业蓬勃发展。

康熙即位之初，经历常年战乱后，国家教育事业一片凋敝，不仅学校被破坏，而且缺乏教师，这就引发了一连串的后果：缺乏人才的培养，各级官府缺乏得力的官员，官吏素质低下；教育缺失，天下百姓没有得到教化，没有良好的文化，就会心生反意。鉴于此，康熙在即位后开始抓教育发展。

康熙亲政后广设学校，在国子监和各级儒学的基础上，又在一些边远地区新设州、县增设儒学。康熙四年（1665），康熙宣布在奉天各府、州、县等地区设置儒学，奉天府为京府大学；辽阳、宁远、海城为中学；盖平、铁岭、广宁为小学。

鉴于各地府、州、县学普遍没有教学职能，康熙从康熙二十年（1681）起，倡导各地兴办义学，普及初级教育。康熙四十一年（1702），康熙命在京城崇文门外设立义学；五城各设一小学，学习好的进入义学，官府给义学、小学提供物资作为支持。后来，清廷又在边疆省份和贫困乡村普及义学，将少数民族的弟子送进学校，毕业后继承祖业；其族人愿意入学的也可以进来读书，设训导亲自教谕。康熙五十二年（1713），义学在全国得到推广。康熙五十四年（1715），康熙下令在京畿的贫穷乡村也设立义学，要求直隶巡抚进行视察和管理，让百姓知道皇上重视教育。

康熙不仅重视老百姓的教育，也重视八旗子弟的教育。其中设立了八旗官学，以景山官学为代表。康熙发现内府佐领人员的文化水平和骑射本领都很一般，就在康熙二十四年（1685）四月下令专设学舍，教人读书和骑射，优秀者录用，差者罢黜。设立景山官学，设满书三房、汉书三房，每房分别设有教习，挑选内务府佐领、内管领下闲散幼童入学。毕业后，愿意成为教习的，选择移送令教习三旗子弟；内廷执事人员，不分民族，教习满书；满教习享受俸禄，汉教习获得银粮等，六年期满，根据表现授予官职。

设立学校后，康熙对各级教官和广大师生进行管理。在清朝，学政事各级教官中掌管一省教育的最高官员，其对本省教育发展负有直接责任，因此康熙亲自选拔和任用学政。他特谕，学政一经任命，第二天必须赴任；各省旧任学政考试完毕后，必须在十一月内报满到部，不得违期；学政考试迟延、限内不能完结的，降级调用；学政对士子负责，不得徇私枉法。

对于广大学士，康熙就更加重视了。为了培养更好的人才，康熙对学士颁发谕旨十六条，作为立身标准：一敦孝悌以重人伦；二笃宗族以昭雍睦；三和乡党以息争讼；四重农桑以足衣食；五尚节俭以惜财用；六隆学校以端士习；七黜异端以崇正学；八讲法律以儆顽愚；九明礼让以厚风俗；十务本业以定民志；十一训弟子以禁非为；十二息诬告以全良善；十三诚窝逃以免株连；十四完钱粮以省催科；十五联保甲以弭盗贼；十六解雠忿以重身命。

康熙还多次前往太学，下令修建校舍，关心教育事业发展。如康熙八年（1669）四月，他在太学勉励国子监师生，康熙四十一年（1702）下令修葺国子监。

除了普及教育外，康熙还关注书院的建设。书院在唐朝末期兴起，在元明得到进一步发展，在教育事业和学术文化发展发挥重要作用。清朝刚建立时，全国书院因战乱而遭到严重破坏，直到顺治十四年（1657）才逐渐恢复。但是此时经济凋敝，清廷内部斗争激烈，因此书院十分不景气。

到了康熙朝，有志之士开始自发创办书院。平定三藩后，康熙开始关注各地书院的建设。他先后向各地著名书院赐匾赐书，受赐的书院包括江西白鹿洞书院（1686）、长沙岳麓书院（1686）、开封游

岳麓书院

梁书院（1694）、京城金台书院（1702）等。在康熙的不断倡导与支持下，各省督抚纷纷行动起来，在省城建立书院。如康熙十年

（1671），安徽巡抚靳辅修复当地书院，改名修永；康熙二十一年（1682），两江总督于成龙建立江宁虹桥书院；康熙二十四年（1685），云贵总督蔡毓荣、浙江巡抚赵士麟分别建立育才书院、敬一书院……一时间，全国兴起书院潮，甚至连沿海地区也出现了书院。康熙一朝，全国新建书院537所，修复或重建前代书院248所，处于高速发展阶段。

读而时思之

康熙对教育非常重视，不仅兴办学校，还创立许多学院。结合现代社会来看，清朝的教育有什么样的特点？古代的学生和现代的学生有何区别？

· 整顿科场，严惩舞弊抓改革 ·

康熙在振兴教育的同时，也非常注重对科举考试的改革。因为科举考试是选拔人才的主要手段，国家的官员都是从科举考试中提拔出来的。

清代科举考试始于顺治时期，当时刚开始进行，难免有很多不合理之处，且当时科场舞弊现象非常严重。这样一来，教育就成了摆设，世子们根本不认真学习，朝廷选拔出来的"人才"也难堪大任。为此，康熙帝采取一系列措施改革科场。

首先，改革考试制度。因为全国各省份经济、文化发展水平不一，所以在举办科举考试时，对各地士人的要求也不尽相同。对于一些边远省份和贫穷地区，会予以特别照顾，特将全国分为南卷、中卷、北卷三个区域，各安排一定名额，择优录取。康熙即位之初，下令浙江、江西、福建、湖广、广东五省以及江宁、淮、扬、常等十一府及广德一州用南卷，直隶、山东、山西、河南、陕西及奉天等用北卷，四川、广西、云南、贵州四省和庐、凤、安庆三府等地用中卷。后来暴发了"三藩之乱"，云贵川等地区道路阻塞，士人难以进京考试，康熙便下令将中卷分到南、北卷中。康熙二十四年（1685），平"三藩"后，康熙恢复中卷，继续发展云贵的教育，选拔那里的人才。后在执行过程中，南、北、中卷又派生出左、右，更加杂乱与烦琐，且部分地区很发达却用难度相对较低的卷子，于是朝廷再度进行改革。康熙三十八年（1699）十二月，左副都御史梅鋗上奏说，会试分南、北、中卷，后又于南、北、中卷中各分左右，导致阅卷者不能尽阅各卷，只能算卷数来定中额，所以请求按照旧例，不再分南、北、中卷，去掉左、右之分。九卿经过商议，认为应该通过，并提出将江南庐州等府。滁州等州过去属于中卷的全部划归南卷；云南、贵州、四川、广西四省，不再用中卷，每科云南定为"云"字号，额中二名，四川定为"川"字号，额中二名，广西定为"广"字号，额中一名，贵州定为"贵"字号，额中一名；康熙三十九年（1700）会试，四省请求增加名额，云南、四川增加二名，广西、贵州增加一名，得到康熙的批准。

此外，康熙还设立了官卷。这是因为以前官员们经常利用职务之便徇私舞弊，录用自家亲属，阻挡了贫寒子弟的求仕之路。普通百姓家的孩子失去了发展机会，也降低了读书的积极性。康熙帝和大学士、九卿等人说："考试是为了得到人才，如果靠走关系、行贿来进行，那怎么能得到贤良之臣呢？现在朕决定将大臣子弟另编字号，让他们在这里校阅，必能分出文章优劣。这样大臣子弟能得选，又不妨碍贫寒士子，这对考试来说是有好处的。你们觉得如何？"在康熙的多次督促下，大臣们终于给出了具体方案：以后直隶各省乡试，在京三品及以上，及大小京堂、翰林、科道、吏礼二部司官，在外督、抚、提、镇及藩、臬等官员子弟，都编入"官"字号，在专门的房间考试，各照定额，每十卷，民卷取中九卷，官卷取中一卷，不必分经。

之后，康熙下令客场出题不必拘泥于忌讳，对试卷内容进行改革。清代依然是八股取士，题目都来自"四书"。封建社会的忌讳特别多，考官为求自保，出题时都分外小心，总是选择冠冕吉祥的话语。士子为了博取功名，也利用了考官这样的心理，不研究学问，把心思都花在揣摩考题上，这就造成选拔上的士子考分很高，但能力平庸的情况。康熙这样做，就是为了找出有真才实学的人。

为了保证阅卷的效果，康熙还下令延长科举出榜时限。尤其在康熙后期，参加科举的士人越来越多，考官因为出榜时间紧迫，通常是敷衍了事，根本没有认真阅卷，这就难免造成优秀人才的流失。康熙五十年（1711）十月，九卿上疏，说直隶各省生员、举人额数逐渐增加，赴考士子人数众多，因为揭榜的时间紧迫，考官无法细心阅卷，草率录取，导致遗失佳卷，鉴于此，恳请今后会试揭晓时限宽于三月十五日内；乡试揭晓，大省宽于九月十五日内，中省宽于九月初十内，小省宽于九月初五内。直隶、江南、浙江乡试人数远多于其他省，照会试例，加入房官二人。这样一来，主考官、同考官除了推荐的试卷外，还能遍阅余下试卷，不至于遗失佳卷。康熙准奏。

第二，严明考试纪律，对舞弊者严惩不贷。康熙即位后，对科举考试的规定进行补充和完善。康熙二年（1663），规定各省学臣三年只能考试童生一次，乡试后报满；凡是前任学臣已经考过一次的，不能再考；如有前任学臣考试未完、为某事离任的，允许新学臣将未考州、县生童接考，以应乡试；如有违例重考的，听该督抚题参。康熙十年（1671），康熙批准，今后学政案临各府，于考试招覆那天，提调官对照座位号、姓名，将州、县、府原取本卷解送学政，与所取之卷逐一磨对，若文气、笔迹稍有可疑，立刻追查。康熙四十一年（1702），下令乡试之年，遇新任学政于本年到任的，即将岁考一、二等生员册送科举，以应本年乡试，仍于乡试后补行科考。

对于触犯规定、科场作弊的，康熙都进行严惩。康熙三十八年（1699）八月，顺天正、副考官李蟠、姜宸英主持顺天乡试，考场中混入了代考之人，事后二人被弹劾。康熙立刻命九卿调查录取者的试卷，并对参劾的奏疏提出意见。九卿经过调查讨论，提议将李蟠、姜宸英等人革职，康熙对此不太满意，指出：就这样了结，不足以警示众人，应该将所有举人聚集起来，在廷内复试。对找借口不来的，即行黜革。关于考官的处分，等复试后再进行商议。康熙五十年（1711）江南乡试后，江南正考官、副都御史左必蕃上奏说，中举人吴泌等不通文义，大家议论纷纷，请将吴泌等人带到京城复试，或交督抚审问。同时，江苏巡抚张伯行也上疏，说有几百人抬着财神到学宫，宣称科场不公。康熙马上命令张鹏翮会同两江总督、江苏、安徽巡抚到扬州彻底查办此案，严加审问，调查后挖出了一个以赵晋为首的作弊团伙。康熙五十二年（1713）正月，康熙对舞弊的人犯做出严厉的处置，副考官赵晋，推荐吴泌的同考官、句容县知县王曰俞等人被斩，还有其他人员被革职或打入监牢。

每当科场出现问题，康熙都非常重视，并亲自处理。此外，对八旗子弟参加科考，康熙给予特殊规定。康熙初年，八旗子弟不允许参加科举考试，直到康熙六年（1667）九月，康熙才进行改变。但是八旗子弟的主要任务是训练备战，让他们读书参加考试，势必会产生影响。尤其在战争期间，这一矛盾非常明显。康熙十五年（1676），因为要面对"三藩之乱"，所以康熙要求八旗子弟暂停考试。但是康熙帝知道，只有鼓励他们参加科举考试，才能督促他们多读书，提高他们的文化素质，更好地效力于朝廷。所以，平乱后，康熙下令八旗子弟可以参加科举考试。康熙三十六年（1697）十月，康熙下令八旗宗室子弟可以与满族诸生一起参加考试。另外，为了照顾八旗驻兵子弟的教育，还允许他们在所驻兵的省份入籍参加考试。

康熙注重教育，严抓科举考试舞弊行为，进行科场改革，其目的还是振兴教育。康熙这样做，不仅提高了全民族的文化素质，还对国家统一、社会经济发展起到了重要作用。当然，作为封建统治者，康熙的思想观念难免有一定的局限性，这一点体现在他将教育和科举联系起来，目的是选拔官吏，所以在康熙统治的后期，思想越来越沉寂，封建读书人创作死板的八股文，严重地影响了思想文化。

·注重修史，专设史馆编史典·

　　康熙从小酷爱读书，我们在前面已经多次讲过。康熙读的书很杂，历史典籍、四书五经、自然科学，无所不读。多年的皇帝生涯让他深知隶属的重要性，在执政期间，康熙组织敕撰了多部史籍，为了保证撰史的质量和进度，他还特意设置史馆，招揽人才，投入物力展开修纂。

　　康熙修撰的所有典籍中，最值得一提的当属《明史》。

　　新兴王朝给前朝修史，这是从唐代传承而来的史学惯例。早在顺治时期，清朝就开始组织纂修《明史》，也组建了纂修队伍，但却没展开相应的工作。这是因为清军入关之初，大局未定，战事频繁，朝廷无暇顾及，

《明史》书影

而且委派的修书人大多是从明朝那里投降而来的，他们还没真心归顺。因此，顺治时期的修史工作基本搁置。

康熙即位后，修史工作逐步恢复。康熙四年（1665），康熙下令重开明史馆。康熙十八年（1679），康熙命内阁学士徐元文为监修，翰林院掌院学士叶方蔼、右庶子张玉书为总裁，重新开馆纂修《明史》。这次康熙组建了大规模的队伍，所录用的博学鸿儒一、二等共50人，全部担任撰修官，还补充了右庶子16人。

修史人员在史馆内展开工作，他们同心协力，不断研讨，互相审阅，保证体例的完善和纪事的确凿。经过三年的编纂工作，稿件大部分初步完成，陆续交给总裁审阅。其后数十年间，在此基础上进行增删改易。康熙四十年（1701）后，史馆中多人相继去世，修史工作再度中断。康熙四十八年（1709），继任总裁的王鸿绪因立皇太子之事受牵连而被罢官，他离馆回家时顺便把史稿也带回去了，居然没人过问。王鸿绪在家后将稿件重新做增损改易，于康熙五十三年（1714）向康熙帝呈送《明史》的列传部分，共205卷，在康熙六十一年（1722）又呈送本纪、志、表部分，共105卷。至此，《明史》编纂工作基本完成。

康熙非常注重《明史》的撰修工作，他认为"明史关系极大"，要做好这项工作，让后人心服，"不畏当时而畏后人，不重文章而重良心"。在康熙看来，"《明史》之中，稍有不当，后人将归责于朕，不可轻忽也"。因此，康熙给《明史》的修撰定下了高标准，提出要求："《明史》不可不成，公论不可不采，是非不可不明，人心不可不服。"对于修史中涉及的具体史实的细节问题，康熙也亲自过问。比如康熙四十二年（1703）四月，康熙对万历年间杨涟、左光斗的记载，亲自指出："此书所载杨涟、左光斗死于北镇抚司狱中。闻此二人是在午门前受御杖死，太监等以布裹尸出之。"康熙五十二年（1713）四月，康熙又询问李自成起兵之事，对李自成进入京城，是城内迎献还是城外攻取，以及张献忠的三个养子的历史进行讨论，作出指示。

康熙对《明史》的修撰进行监督，使《明史》修成后成为一部较高水平的史书。

此外，康熙还很注重编修当代史。康熙朝设立了当代史的机构，包括起居注馆、实录馆和方略馆。

起居注就是记载皇帝言行的一种载籍。康熙于康熙九年（1670）设立起居注馆。起居注官要记录皇帝的一言一行，因此要经常在皇帝身边，对皇帝的起居、谕旨、题奏、官员引见等事项逐一记录。对康熙的起居注记录在《康熙起居注册》之中，记录了康熙十年（1671）康熙首次东巡到康熙五十七年（1718）的事情。

实录则专门记载某个皇帝在位期间朝廷发生的大事，一般是继任者为前任皇帝设馆敕纂实录。康熙在位期间，于康熙六年（1667）为顺治皇帝纂修了《世祖章皇帝实录》，还对前朝修纂的实录进行重修。

此外，康熙帝还设方略馆，将本朝发生的战争的始末进行记录，这是他的一个创举。康熙二十年（1681），"三藩之乱"结束后，第二年纂修《平定三逆方略》。类似的，在康熙收复台湾、抗击沙俄、平定噶尔丹后，方略馆相应地编纂《平定海寇记略》《平定罗刹方略》《亲征平定朔漠方略》。

另外，康熙朝修撰未完成的史书有《会典》《一统志》等，均在康熙之后被续修完成。

"纵横交织"得感悟

总体来说，康熙出于对历史的喜好，进行了大量修史工作。康熙的修史对后世产生了很大的影响，对振兴文化教育事业具有极其重要的作用。

·编修典籍，《康熙字典》铸经典·

康熙热爱中华民族传统文化，不仅喜好修史，还关注古书典籍。康熙朝先后编修了数十部典籍，不仅有《实录》《圣训》《会典》《一统志》及赋役、漕运等书，还设置专门翻译满文等少数民族文字的清文经官，设置修书处和修书翰林，机构设置齐全。

在康熙编撰的书籍中，最著名之一的就是《康熙字典》。康熙四十九年（1710）三月，康熙在同大学士陈廷敬的交谈中提出编修汉文字书的设想："朕留意典籍，编定群书……至于字学，并关切要，允宜酌订一书。"但是康熙还没想好要编什么样的字书，于是参阅诸家，用心考证，历数过去字书不足之处，特别是针对明代所编《字汇》《正字通》两书，说："朕打算编修一部汉字史书，使其详略得当，归于至当，增《字汇》之阙遗，删《正字通》之繁冗，勒成为书，垂示永久。"

不久，康熙下令组建编书团队，张玉书、陈廷敬为总阅官，凌绍文、史夔、周起渭等27人为纂修官，要求他们"悉取旧籍，次第排纂，切音解义"，以《说文解字》《玉篇》作为依据，参考《广韵》《集韵》等书，其余字书有一音一义可以采用的也可以并入其中。历时五年，至康熙五十五年（1716）修成，康熙作序，命书名为《字典》，意在使臣民"奉为典常""以昭同文之治"，为巩固统一、促进文化交流和发展服务。后世统称这本字典为《康熙字典》。

《康熙字典》吸收了历代字书的精华，融会贯通，并在此基础上加以补充，最突出的特点就是收录汉字最多，达到了 47 043 个字。此外，在注音、辨形、释义、引例等方面，《康熙字典》也比前书更加完备、细密、适用。编排体例采用部首检字法，并将部首及部内字均

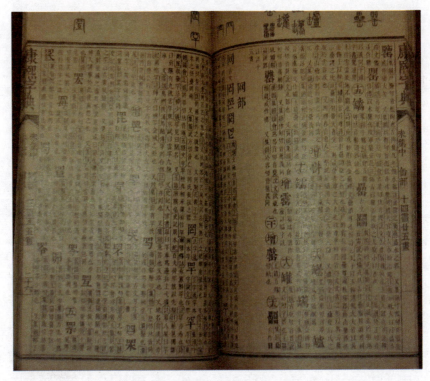

《康熙字典》内页

按笔画为序，查阅便捷。康熙在序中说："古今形体之辨，方言声气之殊，部分班列，开卷了然，无一义之不详、一音之不备矣。"

康熙还编修很多文学图书，其中最出名的是《全唐诗》。唐朝是诗歌发展的黄金时期，诗人辈出，诗歌总量难以数计。唐后有人对唐诗进行汇辑，但收集得依然不完备。至明清，明代胡震亨编的《唐音统签》和清初季振宜编的《唐诗》，采集宋、元以来所刊刻、传抄的诗集，补辑散落，成为网罗较广的唐诗总集。康熙帝本人也很喜欢读唐诗，他认为胡震亨、季振宜之集虽然初具规模，但依然有遗漏，便打算编订一部更为完善的唐诗总集，这就是《全唐诗》。此书的修纂始于康熙四十四年（1705）三月，于次年十月完成，参与编纂的有彭定求、杨中讷等人。康熙在序中说"得诗四万八千九百余首，凡二千二百余人，厘为九百卷。于是唐三百年诗人之菁华，咸采撷荟萃于一编之内，亦可云大备矣。"

康熙传

第十一章 兴文重教，崇尚科学

《全唐诗》对研究唐代历史、文化和文学具有极大的参考价值。该书继承了之前的各种唐诗汇辑的成果，在此基础上完备搜罗了唐代的诗歌，使后人概见唐诗的全貌。

在康熙朝，还有一本著名的书《古今图书集成》，此书共计一万卷，编纂者为著名学者陈梦雷。

康熙三十七年（1698），康熙东巡，陈梦雷御前献诗，面谨陈述，蒙恩召还，康熙命

《全唐诗》书影

人物档案

陈梦雷（1650—1741年），字则震，号天一道人，晚号松鹤老人，福建闽县人，著名学者、文献学家。资质聪敏，少有才名。康熙九年（1670），中进士，选庶吉士，散馆后授编修。康熙十二年（1673），回乡省亲，为耿精忠所房，叛乱平息后遭诬陷，被流放盛京为奴。康熙三十七年（1698），侍奉皇三子胤祉读书，康熙四十年（1701），受命主编《古今图书集成》。雍正元年，受到胤祉牵连，被流放至黑龙江，后卒于戍所。

他服侍皇三子诚郡王胤祉读书，赐宅以安置家属。陈梦雷到胤祉的府中，准备给皇子进讲，就开始将古代书籍按类别加以归纳整理。恰逢此时，康熙有意向编修一部包罗万象、通贯古今、条理分明的大类书，以宣扬清朝的文治，这时胤祉便向父皇推荐了陈梦雷，康熙当即决定由陈梦雷来负责。

随后，胤祉特意在城西北买了一所庭院，作为陈梦雷修书之地。康熙爱惜陈梦雷的才华，对他予以特别的鼓励，并亲自前往陈梦雷的斋中，书"松高枝叶茂，鹤老羽毛新"相赐。受到了圣上的重视和关

怀，这令陈梦雷大受鼓舞，他立刻投入到编修工作之中，为书取名《古今图书汇编》。

从康熙四十年（1701）十月开始，陈梦雷独自承接编选人物，在胤祉处领银雇人缮写，经过数年的努力，到康熙四十五年（1706）初步编成，共 3600 多卷。

完成初稿后，陈梦雷将书稿呈给胤祉，希望由康熙确定内容的分合，并对其

皇三子胤祉

收入的内容加以校订、增补。但这时朝内诸位皇子为了争夺皇位继承权而拉帮结派，斗争已到白热化的地步，康熙没有精力顾及修书之事。而且《古今图书汇编》的初稿规模宏伟，对其进行校订需要花费很长时间。随着皇位继承争夺的日趋激烈，由于陈梦雷和皇三子胤祉关系紧密，陈梦雷也受到了很大的牵连，书稿的后续流程被推迟。

直到康熙六十一年（1722）十一月，康熙帝驾崩，皇四子胤禛即位，改元雍正。胤祉被贬守护康熙陵墓，陈梦雷被流放到黑龙江。雍正即位后，命蒋廷锡重新编校稿件，并改名为《古今图书集成》，此书在雍正四年（1726）付印。上面记的是蒋廷锡等撰述，陈梦雷的功劳被完全抹杀。

《古今图书集成》共 1 万卷，目录 40 卷，内容分 6 汇编、32典，共 6117 部。全书层次安排上，每部下分为汇考、总论、图表、列传、艺文、选句、纪事、杂录、外编等项。全书总字数超过 1 亿，仅次于明朝的《永乐大典》，是一部集古今图书之大成的中国古代百科全书。

《古今图书集成》对古

《古今图书集成》书影

典文献进行了一次全面的分类和总结，在中国古代图书事业史上具有重要的地位和影响。此书涵盖范围甚广，遍及经、史、子、集，保留着大量原始资料，体例完善，分类详细，每一个类目都是一门专史的资料汇编。因此，此书具有极高的应用价值。

康熙虽然在编书上比较开放，但也对部分类别的书予以限制。因为编修群籍，是为了统一思想、巩固封建统治，对于流行社会下层的民间文学和话本小说，对反对清朝民族压迫和封建统治的书稿，康熙就对此予以坚决销毁。比如康熙曾将流传于今的四大名著之一的《红楼梦》视为禁书。再如治河之书的编修，康熙也非常谨慎。康熙四十年（1701）三月，张鹏翮请求康熙将有关的谕旨敕下史馆，纂集成书，但康熙没有同意，之后也没有人再提。

"纵横交织"得感悟

康熙朝在史书、字书、类书、文学书、经书的编著、整理和出版方面颇有建树，为繁荣发展民族文化做出了重要的贡献。

·崇尚科学，积极学习新知识·

康熙是中国历代皇帝中少有的聪颖好学的帝王。他不但喜欢中国传统文化，还对西方传播来的自然科学表现出浓厚的兴趣。

在康熙即位之初，清廷内部出现了历法之争。顺治时期，德国传教士汤若望主持的历法用于天下，汤若望本人掌管钦天监监印。康熙即位后，四大辅臣掌权，对顺治时期的政策进行改动。康熙三年（1664），杨光先上奏，对汤若望所编的《时宪历》进行驳斥，四大辅臣拘捕了汤若望，改命杨光先为钦天监监正，废除《时宪历》，改行新历。结果杨光先学问不精，他推算的新历连年出错，甚至算出一年出现两个春分、两个秋分，闹出笑话。康熙亲政后，于康熙七年（1668）亲自派人监测立春、雨水、太阳、火星和木星，最终结果是杨光先的推算错误。康熙便下令将杨光先革职，恢复使用《时宪历》。

通过这次历法之争，康熙深刻意识到，作为皇帝，要精通科学技术，这样才能更好地统治国家，所以他开始努力学习自然科学。他首先想要学习数学，因为数学是自然科学的基础和工具。我国古代数学一直处于世界前列，但自宋元之后，由于统治者不再重视，导致数学发展缓慢，很多算法已经失传了，此时西方的数学随着资产阶级兴起而飞速发展，已经超过了中国。所以康熙积极和西方传教士南怀仁、安多学习数学，了解天文仪器、数学仪器的用法，学习几何学、天文学、静力学的一些基础知识。

康熙学习科学知识主要还是出于治国的需要。他对有关国家发展、民计民生的科学知识具有浓厚兴趣，如兵器制造、地图测绘、医学、农学等。

因为农业与百姓的生活、国家的发展息息相关，所以康熙一直很关注农业，也深入学习农学知识。他亲自培育过御稻米和白粟米两个优良品种，其中，御稻米气味香醇，生长周期短，收成高。康熙还亲自试验，将南北方的作物分别移植，在京城丰泽园、热河避暑山庄种南方的修竹、关外的人参，在山庄的千林岛上种满了东北的果树，收到了不错的效果。

此外，康熙还热衷于研究医学，在宫中专设化验室。只要发现先进的医疗技术，康熙就大力推广。比如点种牛痘对防治天花有特效，康熙就在边外四十九旗积极推广，取得显著效果。他还将人体解剖学的相关书籍刊印发行，进行知识普及。

康熙还对地理测量有着特别的关注。每次外出巡幸或者征战，他都带上测绘仪器，进行实地测量。康熙通过不断学习和总结，从康熙

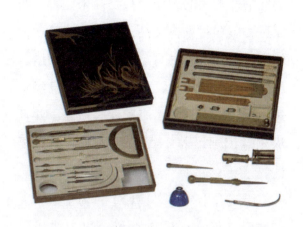

康熙年间的地球仪 　　　　　　　　　清康熙时期的绘图仪器

四十六年（1707）到五十六年（1717），组织一批学者对全国进行实测，编制《康熙皇舆全览图》。这部地图有一幅总览图，然后是各省份的分图，都经过准确的测定和绘制。在当时，这部地图集算是世界一流水准，称得上是地理学方面的成就。康熙年幼即位，从小就留心地理，博览图籍，每逢边疆官员进京禀报，他都要对照舆图，仔细询问形势。康熙对全国的山川道路，尤其是西南、东北地区的地形、气候、物产和少数民族情况都有详尽的了解。部署战争时，他亲自测定行军路线，边防驻军，他根据战略需要确定具体位置。康熙朝之前，中国古代对山岳的脉络都搞不清楚，康熙在位时，第一次揭示了泰山与长白山的地脉关系。绘制地理图集时，康熙还对西方科技人员和外国设备予以特别的信任，安排外国人来参与，准确地确定地理位置，科学地进行测量。

　　康熙对科学人才也非常重视，融合中西学说，笼络了一批著名的科学家。

　　梅文鼎是康熙朝的著名天文学家、数学家。

　　康熙四十一年（1702），康熙南巡，大学士李光地向康熙呈送梅文鼎《历学疑问》一书。第二年，康熙再次南巡，将该书发还李光地，说自己已经仔细读过，并在书中做了详细的涂改和批注。康熙认为此书并无大的谬误，只是尚未完善。两年后，康熙召见梅文鼎，君臣相谈甚欢，临别时康熙特意书写"积学参微"相赠。康熙非常想起用他，但这时梅文鼎已经年过古稀，精力有限，康熙深表遗憾，并且深刻意识到培养中青年科技人才的重要性。

康熙五十一年（1712），为了编纂大型数学、天文、乐律百科全书《律历渊源》，康熙特意要求让梅文鼎的孙子梅珏成进京入侍。第二年，康熙下令在畅春园蒙养斋成立算学馆，作为康熙帝和学者研究科学的地方。在这里，梅珏成实现了中西方数学知识的融合。梅珏成说："蒙圣祖仁皇帝授以借根之法，敬受而读之，其法神妙，诚算法之指南，而窃疑天元一之术颇为相似。"所说的借根之法，是传入中国的西方代数学。康熙认为，这本来就是中国人发明的东西。而中国古代还有一种天元术，在宋元后失传。梅珏成从康熙这里学到借根法后，认为借根法就是天元术。从此，中国数学史上失传的天元术被梅钰成给复活了。

后来，李光地又向康熙推荐了泰州的陈厚耀，康熙又挖掘了数学家何国宗，在康熙的主持下，梅钰成、陈厚耀、何宗国等人经过近十年的努力，在康熙五十三年（1714）编纂完成《律历渊源》，为科技传播与发展做出了积极的

人物档案

梅文鼎（1633—1721年），字定九，号勿庵，汉族，宣州（今安徽省宣城市宣州区）人。天文学家、数学家，清朝"历算第一名家"和"开山之祖"，被世界科技史界誉为与英国牛顿和日本关孝和齐名的"三大世界科学巨擘"。毕生致力于复兴中国传统的天文和算学知识，并且推进中西天文学的融合。研究传统天文学，并在《交食》《七政》《五星管见》等书介绍第谷式的西方天文学。论述中西历法的异同，并将许多西方天文知识纳入中国古代学术体系中。自撰《勿庵历算书目》有天文数学著作70余种，包括数学著作20余种。《梅氏丛书辑要》60卷，其中数学著作13种共40卷等。

贡献。

可以说，康熙一生都对自然科学保持学习的态度，这在历代帝王中是罕见的。在他的倡导下，人们扭转了对自然科学的轻视态度。通过不懈的努力，特别是学习了西方的先进科学技术，康熙能够以更加睿智的目光来引领国家发展，促进了国内的科技发展。但是，随着西方科技的加速传播，一些消极的影响也随之而来，比如面对日益加深的西方殖民主义，康熙予以坚决的抵制和斗争。

读而时思之

康熙时代，西方的资本主义文化已经进一步进入中国，这也是康熙接受、学习西方科技的前提。中国古代科技也曾引领世界，可是到了清朝，在近代科学的发展上，西方已经远远超过了中国。这也引发了学术界一系列的讨论，引发了"李约瑟难题"。那么，如何回答这个难题呢？感兴趣的可以查阅相关资料并进行思考。

晚年遗憾与康熙盛世

康熙8岁即位，在位61年，是中国历史上在位时间最长的皇帝。总结康熙帝的一生，这是一位仁孝的皇帝。康熙帝一生建立了无数功绩，在晚年却留下遗憾。首先他在晚年再度实行海禁政策，封锁国门，切断了中国与外界的联系。其次，在立废太子上，他两次立太子又两次废太子，弄得满朝风雨，也将自己消耗得身心俱疲，不久后就悲苦而死。最后，皇四子胤禛继承大统，是为雍正帝。总结康熙帝的一生，这是一位出色的皇帝，他开创盛世，在历史上留下了自己的姓名。

· 闭关锁国，再实行海禁政策 ·

康熙到了晚年，不再像年轻那样有魄力，思想也更加保守，最大的体现是他再度实行海禁政策。自康熙统一台湾，决定开海后，中国与日本以及南洋各国的贸易迅速增加，东南沿海一带呈现出繁荣景

象。然而，到了康熙晚年，康熙再度禁海，引起一定的反响。

康熙再度禁海，主要有两方面的原因。首先，沿海一带出现海寇。海寇就是海贼，他们出海抢劫，袭击正常贸易的商船。自开海之初就有海寇，但没有形成气候，而到了康熙四十二年（1703），情况有所改变。由于内地阶级矛盾激化，很多无业游民逃入海岛，成为海寇。这

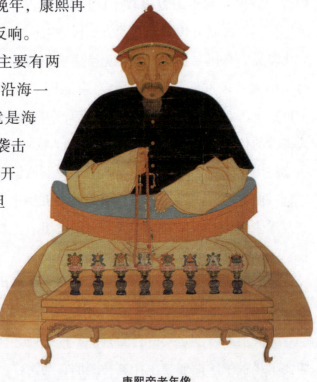

康熙帝老年像

时海寇分布地区广泛，南起广东，北至山东。面对海寇的袭扰，康熙决定采取招抚策略，派内阁学士常授前去招抚。常授以广东为重点，由福建、浙江依次向北招抚，最初取得了一定成效。

然而，招抚只能暂缓矛盾，无法彻底消除根本原因。康熙五十年（1711）前后，海寇势力进一步扩大，扩散到锦州等地。擒获的海寇增多，康熙派他们去盛京、乌喇等地充当水手，另一部分负责"看守地方，巡防海洋"。康熙逐步摸清了海寇的活动规律：他们来自内陆，抢劫之后要回家过冬；靠近大陆及商船、渔船来补充粮食、火药及其他物资。而沿海一带的清兵剿捕海寇不力，保证不了沿海地区的安全，这让康熙想到了再度禁海。

另一个让康熙实施海禁政策的原因是西方殖民主义的威胁。开海后，大清虽然发展了海洋贸易，但也引发了一个后果，就是西方传教士纷纷前来传教。康熙尊崇科学，虚心学习，他也对西方传教士以礼

相待，但他不知道西方传教士这样做的背后蕴藏着什么样的政治目的，更不了解西方传教士和西方殖民者之间的联系。中西方毕竟存在文化差异，在接触和交流中难免产生摩擦与冲突，当威胁到清朝统治时，康熙就采取一系列的限制。康熙四十三年（1704）、五十四年（1715），罗马教廷到中国颁布禁约，引起康熙不快，康熙宣布禁止天主教的传播。与此同时，康熙也宣布加大对西洋来船的限制。康熙熟读历史，知道中华大地在明朝时期受到西方殖民主义者入侵，所以一直对西方殖民者保持警惕。康熙五十五年（1716）十月，康熙曾说"西洋诸国千百年后恐怕要成为中国之患"。在他看来，开海贸易助长了西方殖民者的势力，所以要改变政策。

康熙五十五年（1716）十月，康熙明确提出禁海，阐明禁海的理由和原则。第二年，海禁政策开始执行。

这次禁海，不是要所有船只都不许出海，而是有一定的原则。总体要求是：中国商船与东洋贸易照旧；与南洋吕宋等国贸易停止；外国商船贸易照旧，但地方官员要严加防范；禁止向国外卖船，人员禁止留在国外。从中可以看出，禁海是为了断绝内部与外部殖民势力的联系，并不是切断对外贸易。

根据总体要求，康熙还提出了以下措施：

第一，加强对商船、渔船及有关人员的管理。康熙五十六年（1717）正月初十，康熙对内阁学士说，海船一年造了多少要登记入册，出海时官府将在册的造船人员和船只逐一核对。后来，康熙又拟了更详细的规定，对船只贸易地点、客商姓名、船员名单等进行更为详细的要求。

第二，在海坛（今福建省平潭岛）、南澳（今广东省南澳岛）设官阻拦私自前往南洋贸易的船只，并在东南沿海设立炮台，增加驻军，加强巡查，要求"盘验船只，严拿奸匪"。

第三，对沿海各省间往来的商船、渔船实行盘验与护送。

第四，谨慎选择沿海各省督抚。

康熙晚年采取的海禁政策，对防止海寇泛滥、西方殖民主义入侵、巩固清朝统治具有一定的意义，但对沿海地区的经济发展具有消极影响，客观上激化了社会矛盾。据记载，禁海后，福建地方"土货滞积，而滨海之民半失作业"。后来甚至在台湾地区爆发了地方起义，这也与禁海之后百姓不能自由航行以至于影响生活不无关系。康熙帝执行海禁政策对清朝后面的对外政策也产生了消极影响，清朝逐步关闭国门，把自己禁锢在里面，孤立于地球之上，而在欧洲，资本主义兴起，中国与西方的差距不断拉大，为近代中国遭受西方列强入侵埋下伏笔。

康熙传

读而时思之

如何看待康熙晚年的禁海政策？中国近代遭到西方资本主义侵略是因为清朝的禁海政策所导致的吗？禁海政策的影响完全是负面的吗？

◆ 一废太子，立废皇储的矛盾 ◆

康熙帝在位期间，遭遇了三次挑战皇权的斗争。前两次是少年时的鳌拜专权和青年时的"三藩之乱"，这两次斗争都被他一一化解。而到老年时期，康熙遇到了皇权与储君的斗争，他的皇子们为了皇位结党营私、翻云覆雨，弄得老年康熙极为伤心，为他最后悲苦而死埋下伏笔。

康熙一生共有四位皇后，分别是孝诚仁皇后赫舍里氏、孝昭仁皇后钮祜禄氏、孝懿仁皇后佟佳氏、孝恭仁皇后乌雅氏（康熙时为德妃，雍正即位后追封皇后），另有嫔妃50余人。多妻必然多子，康熙一生有 35 个儿子，除去早夭而没有排序的，共有 24 个皇子，这其中又有 5 人早薨和出继。此外，在康熙临终前未满 16 岁的皇子有 5 人，也就是说，最后有 14 人是可以作为皇位继承候选人的。而康熙早在 22 岁时就立了太子。关于皇位之争，就要从康熙初立太子说起。

康熙十四年（1675），康熙刚刚平定"三藩之乱"，康熙决定册立皇后赫舍里氏的刚满周岁的

孝诚仁皇后朝服像

儿子胤礽为皇太子。十二月，康熙亲登太和殿，举行册立典礼。

为什么那么早就立太子？原因有很多，其中重要的两点是清朝的历史教训和汉族的历史经验。早在努尔哈赤和皇太极时期，都因为先皇临死前没有确定皇位继承人而引起骚乱，甚至兵戎相见。康熙学习并接受汉族儒学经典，接受嫡长子继承皇位的历史传统，为了巩固皇权，所以很早就立了太子。

为了把胤礽培养成孝子贤君，康熙注入了大量的心血。自从立了胤礽为太子，康熙就作为太子的启蒙教师，亲自讲授"四书五经"。随着胤礽不断长大，康熙也开始讲述先皇努尔哈赤、皇太极、顺治是

如何开创基业的，还告诉胤礽清朝江山建立的不易，甚至还以自己为例进行讲授。康熙还教太子排兵布阵之法。太子稍长后，康熙又聘请名儒李光地、熊赐履等人来辅导太子。在父皇和老师的严格教导下，胤礽进步很快，也很努力，8岁即通晓满汉文字，能流利背诵"四书"，几年后能左右开弓，身体健壮，仪表堂堂，深得康熙喜爱。太子成人后，康熙开始安排他来处理朝中政务，考验他的做事能力。胤礽做事认真，恪尽职守，康熙也很满意，对其寄予厚望。

皇太子宝印及印文

康熙立了皇太子之后，朝中有人支持有人反对，就逐渐形成了拥护皇太子和反对皇太子的两大势力。康熙一直巩固、维护皇太子的地位，对藐视皇太子、固守旧俗的臣子予以严厉打击。为了给胤礽铺路，康熙煞费苦心。

然而，随着康熙的皇子们一天天地长大，皇帝与太子之间、太子与其他皇子之间、皇帝与皇子之间的关系也越来越紧张，开始出现矛盾。事实上，皇帝和储君出现矛盾并不是某个朝代的特例，这是封建统治中权力斗争的必然产物。康熙帝初立太子时，皇帝和储君之间相安无事，因为太子年幼。一旦皇太子长大成人开始处理朝政，就会和皇帝在权力争夺上出现微妙的斗争。再加上康熙立储在满族历史上是个创举，依然有不少旧势力对康熙立皇太子表示反对。所以，胤礽面对着不少的风险。

　　接下来出现的一系列事情，影响了胤礽的前途和地位。

　　康熙二十九年（1690）七月，康熙率大军亲征噶尔丹，在部署乌兰布通战役上，康熙累得病倒了，忙召留居京城的皇太子胤礽和皇三子胤祉前来服侍。自己的父亲生病，作为儿子的正常反应应该是着急、忧虑的，而胤礽见到生病的父皇康熙后居然谈笑如常，毫无忧心之意。康熙见此，心生不满，让其先回京城，从此开始和太子有间隙，认为他不忠不孝。

　　康熙立了皇太子后，朝中有一人被康熙所注意，这就是大学士、领侍卫内大臣索额图。他是诚孝仁皇后的叔父、皇太子的外祖父。胤礽出生时，其生母诚孝仁皇后因难产而不幸去世，索额图作为外祖父对胤礽格外疼爱和关心。所以胤礽作为皇太子，索额图就成为支持他的头号人物。而其他皇子也是"不甘寂寞"，在政治上也是打造自己的势力。比如皇长子胤禔，他笼络自己的舅父、大学士明珠来对付太子党。康熙三十七年（1698）三月，康熙将成年皇子册封为郡王、贝勒，要求他们参与政务。这样一来，皇帝与太子、皇子，太子与诸皇子之间的矛盾更加深刻。

　　康熙想要教育一下太子，使他端正自己的身份，知道自己该做什么不该做什么，分封诸子也没有废他的意思，但皇太子接下来的做法却更加让康熙失望。康熙决定收拾一下太子的亲信索额图，以教训一下太子。

康熙四十二年（1703）五月，康熙下令逮捕索额图，罗列了其议论国事、结党妄行等罪名，并指责其为"本朝第一罪人"，打入囚牢。同时，康熙还诏令拘禁索额图的儿子以及其他牵连人物，又决定将依附太子的大臣都予以革职。这下子，太子党土崩瓦解。胤礽对此十分心痛，但又没有办法，此后他更加哀怨，处理事情也更加残酷无情。

康熙四十七年（1708）五月十一日，康熙巡幸塞外，命令皇太子、皇长子、皇十三子、皇十四子、皇十五子、皇十六子、皇十七子、皇十八子随驾。巡幸期间发生了几件事，加深了康熙和皇太子之间的矛盾。

首先就是皇长子胤禔等皇子在康熙面前多次打"小报告"，说太子暴戾不仁、恣意妄为，甚至任意殴打诸王、贝勒、大臣、官员，还纵容下属勒索地方官员。这些报告，有些是不实之词，但是康熙帝深信不疑。最重要的是，他不仅为太子的暴行所气恼，而且不满太子的越权处事。他认为皇太子的行为是："欲分朕威柄，以恣其行事也。"

第二件事就是刚满 7 岁的皇十八子胤祄生了急性病，几番治疗也不见好转，康熙十分忧虑，可太子依然无动于衷，甚至面露喜色。康熙非常气愤，认为胤礽"毫无友爱之意"，皇太子听后反而也十分恼怒，态度恶劣。由此，康熙看出了胤礽对自己的兄弟一点都不友爱，是个冷漠无情的人，这令康熙非常寒心。

第三件事情是康熙发现太子每到晚上就靠近自己的帐篷，从缝隙里向里面窥探，于是就对太子更加怀疑，唯恐他要做些什么。

鉴于太子胤礽的诸多不良表现，康熙再也抑制不住自己多年的失望和不满。康熙四十七年（1708）九月初四，康熙巡幸塞外返回途中，当众宣布皇太子胤礽的五大罪状，将太子胤礽拘禁，并将索额图的儿子格尔芬、阿尔吉善及其他太子党成员，情节严重的立刻正法，罪行稍轻的流放到盛京。而后，康熙返京当天，于九月十六日召集诸王、贝勒、百官于午门，宣布拘禁胤礽。九月二十四日正式诏告天下，废黜胤礽太子之位，将废太子幽禁于咸安宫。

你如何看待康熙立太子后又将其废黜的行为？康熙废黜太子后又十分难过，愤怒、怨恨、怜爱等心情交织在一起。据说康熙事后连续六天都没睡好觉，对诸位大臣谈论此事也泣涕不已。你能理解康熙作为一名父亲，看到儿子不成器时那种复杂的心情吗？

·再废太子，诸皇子虎视眈眈·

传统观念认为"多子多福"，而康熙的众多皇子给晚年的康熙带来的只是心力交瘁。他对皇子结党，谋取皇位的做法十分厌恶，在废了胤礽后说："诸皇子有钻营为皇太子者，即国之贼，法所不容。"但是诸位皇子仍不为所动，因为现在太子的位置空出来了，意味着大家都有机会了，因此他们个个摩拳擦掌，采取各种手段，根本不顾年老的父皇的劝说。其中，频繁活动的有皇长子胤禔和皇八子胤禩。

皇长子胤禔生于康熙十一年（1672），因为是庶出，所以没有被立为皇太子。也正因如此，他一直将太子胤礽视为眼中钉，但他无力和太子争夺，只能等待机会。如今太子被废，胤禔认为机会来了，就开始行动。太子被拘禁后，康熙命胤禔到自己身边负责宿卫，这让胤禔来了精神，认为康熙对他有想法，然而康熙早就明白皇长子的心思了，他在宣布废黜太子的同一天就宣布自己并没有想立皇长子为太子的意思。

虽然康熙已经下谕了，但胤禔依然不死心，还想通过要手段等方法企图让康熙注意到自己。他一方面在康熙面前假惺惺地表示自己和兄弟们会和谐相处，与父皇一起安然度日；另一方面又不停地诋毁废太子胤礽，甚至向康熙提出杀掉胤礽："今欲诛胤礽，不必出自皇父之手。"这令康熙十分震惊。当时皇八子胤禩在诸皇子中很有威望，胤禔见自己不受康熙待见，便想推荐和自己关系密切的胤禩。再后来，皇三子胤祉向康熙揭发：皇长子与一个搞巫术的人有来往。调查后，发现胤禔用巫术镇魇胤礽，并有物证，康熙勃然大怒。惠妃又奏请皇上，说胤禔不孝，希望正法。康熙看出来了，自己的大阿哥谋害兄弟，不忠不孝，是个何等险恶之人！但念着父子一场，康熙只是下令革其王爵，终身幽禁。

另一个比较大的势力就出自皇八子胤禩。胤禩生于康熙二十年（1681），生母为良妃卫氏。康熙三十五年（1696），年纪轻轻的胤禩就跟随康熙远征噶尔丹，18岁封贝勒，是受封皇子中年纪最小的。胤禩非常聪明，也善于交际，广有善缘。不仅在众兄弟中与皇九子胤禟、皇十子胤䄉、皇十四子胤禵交情非比寻常，与众多王公朝臣也相交甚厚。胤禩担任内务府总管，负责管理皇室事务。随着胤礽被废、胤禔被圈禁，胤禩的野心也愈发膨胀，他也加快了争储的节奏。胤禩身边笼络了一大批王公大臣，如一等公阿灵阿、康熙的哥哥裕亲王福全、康熙的表兄弟鄂

皇八子胤禩

伦岱、大学士马齐等。皇八子集团声势浩大，气焰嚣张。

胤禩是个非常会收买人心的皇子。他负责审理前任内务府总管凌普贪赃一案，凌普是胤礽乳母的丈夫，在任职期间借着太子的权势收受贿赂，行不法之事。因此，太子被废后，凌普也跟着进了大牢。胤禩处理这个案子时，有意对凌普从轻发落，想以此博得凌普的感激，并让胤礽一党的人看到自己的宽仁。而之后皇长子胤禔向康熙揭发，说胤禩找相面人张明德给他看相，对方说胤禩日后必定富贵。康熙这才发现，胤禩这样做是为了收买人心，惦记着争夺皇位！康熙结合这两件事情，极为气愤地表示，八阿哥胤禩四处活动，博取虚名，这是惦记着皇位呢！

至此，康熙也看清了胤禩的真实面目了。康熙看到诸皇子过去就串通一气，联手对付胤礽，这让他感到后怕，于是斥责皇子们，并给胤禩定性为"柔奸性成、妄蓄大志"，下令交给议政处审理，不久就革了他的爵位。就这样，胤禩一党也被康熙处理了。

值得注意的是，在众皇子争权时，皇四子胤禛却不露声色，暗自观察，等待时机。

康熙没想到会引发如此混乱的局面，为了平息皇子们的冲突，他决定再立一个太子。康熙四十七年（1708），康熙下谕，召文武百官共同商议，推举一位皇子，除了胤禔外哪个都可以。群臣展开讨论，不少大臣认为此事重大，并不是臣子能够议论的，怎么能推举呢？而朝中支持皇八子胤禩的大臣们却开始蠢蠢欲动。那些亲近胤禩的人纷纷保举皇八子。不一会儿，康熙下谕，立皇太子关系重大，应该认真讨论，皇八子没有管理过政事，最近又获罪拘禁，不宜作为皇太子。各臣子看见康熙如此表态，又纷纷表示立太子的决定权在于皇上，皇上如何决定，臣等一定遵行。于是，此事不了了之。

不过，通过此事，康熙看出朝中支持胤禩的人非常多，这令他感到不安。康熙认为，必须揪出支持胤禩的带头人，于是下令彻查，找到了幕后主使人是国舅佟国维和大学士马齐，便当面斥责了他们，并严肃处理。

为了结束诸子争储这样的局面，康熙有了复立胤礽的想法。现在看来，胤禔为人狠毒，胤禩广结党羽，而胤礽看起来并无大罪。事实上，自从废了太子后，康熙就非常痛苦，每日流泪，吃不好，睡不踏实。这一年十月二十三日，康熙病倒了，当即召见胤礽。看见胤礽，康熙心里舒服多了，此后每召见一次，心里就舒服一次。康熙也逐渐发现，当初给胤礽扣的罪名有诸多不实，反而是皇长子胤禔等人想要诬陷胤礽。

有了胤礽的陪伴，康熙也好了很多，他向众臣说胤礽"虽曾有暴怒捶挞伤人事，并未致人于死，亦未干预国政"，并说胤禔的小报告其中很多是诬陷。随后，就宣布释放胤礽。

康熙四十八年（1709）三月初九，康熙宣布复立皇太子胤礽，告祭天地、宗庙、社稷。次日，封皇三子胤祉、皇四子胤禛、皇五子胤祺为亲王，封皇七子胤祐、皇十一子胤禌为郡王，封皇九子胤禟、皇十二子胤祹、皇十四子胤禵为贝子，并恢复皇八子胤禩贝勒爵位。康熙通过册封希望皇子们能团结一心，然而现实是冰冷的。

胤礽复位后，没有痛改前非，依然我行我素，摆出太子的派头，不仅派手下家奴到处勒索钱财、美女，而且在饮食、穿衣、陈设方面比他父皇还要奢靡。自打胤礽复位后，过去太子党的人重新依附到他身边，又开始挑战康熙的皇权，储君与其他皇子的矛盾卷土重来。康熙是个仁慈的皇帝，为了胤礽不受委屈，总是护着他，"伊所奏欲责之人，朕无不责；欲处之人，朕无不处；欲逐之人，朕无不逐"。如此一来，朝中大臣都无所适从：迎合太子，被皇上查到后，会被惩处；如果一心向主，等太子即位后，也会被惩罚。胤礽复位后没有吸取上次的教训，依然胡作非为，不仅无法无天，还没有悔改之意。如此一来，朝政依然混乱，皇帝和储君之间的矛盾又发展到不可调和的地步。

胤礽的表现令康熙大失所望，康熙说："自释放皇太子以来，数年之间，朕之心思用尽，容颜清减。"无奈胤礽实在是太不争气了，康熙只得决定再次废掉他。康熙五十一年（1712）九月三十日，康熙巡视塞外后回京当天向诸位皇子宣布："皇太子胤礽自复立以来，狂疾未除，大失人心，祖宗弘业断不可托付此人。"宣布废黜胤礽，继续拘禁看守。十一月十六日，康熙将再废太子之事告祭天地、太庙、社稷。就这样，胤礽再次沦为阶下囚。

"纵横交织"得感悟

　　总体来看，康熙帝立废太子是十分失败的。这是一场悲剧，也是一场闹剧。康熙最后到死也没有明确公开皇位继承人，后来皇子们又为了争夺皇位而上演一幕幕悲剧。出现这些悲剧，症结在于康熙立储的种种弊端。胤礽刚满周岁时就被康熙第一次立为皇太子，有学者认为这是一招错棋。其错误在于，无法避免皇帝与储君、太子与皇子的矛盾。皇太子权势增长，康熙的皇权受到威胁，这也是康熙晚年反复立废太子的症结。此外，皇位继承制度的死结，也是造成康熙晚年遗憾的原因之一。封建统治的"父死子继"制度，不论是清朝还是其他朝代，都出现了为了皇权而闹得不可开交而引发斗争的情况，事实证明，只有结束帝制，实行共和，历史才会进入到崭新阶段，悲剧才会避免。

·九子夺嫡，康熙帝悲苦而亡·

　　再废太子后，康熙的身体已经每况愈下，他不再像之前那样悲痛和愤懑，开始痛定思痛。经过一番探索和思考，康熙为了防止诸子之间争夺皇位，他决定：禁言立储，不立太子。

尽管如此，康熙已经年过花甲，身体状况和精力都在不断下降，依然有人向他提议立储，而且诸位皇子争斗之心并未停止，尤其是皇八子胤禩。在胤禩看来，太子再度被废给了他机会，他又觉得自己行了，又开始聚集党羽，争夺皇位。康熙对此深恶痛绝，对胤禩严厉批评。面对大臣立储的建议，康熙依然表示"不可轻易册立"，并苦口婆心地向大臣解释自己不立太子的理由："宋仁宗三十年未立太子，我太祖皇帝并未预立太子……即使立了太子，谁又能保证将来无事呢？"

康熙嘴上说不再立太子了，内心却一直没有停止选择合乎自己心意的继承人的步伐。在康熙看来，太子作为皇位继承人，关乎清朝的命运，必须要合乎他的心意，而且是要像他一样为国家发展不懈努力、尽心尽力的人。自康熙四十七年（1708）开始，康熙把自己的感悟和所经历的事情记录下来，尤其是有关继承皇位的大事。康熙曾和大臣们说："像立储这样的大事，朕哪敢忘记呢？"

就在康熙心中默默甄选继承人的过程中，诸位皇子也加快了争储的活动。就在太子二度被废之后，原先支持皇八子胤禩的皇九子胤禟和皇十四子胤禵见胤禩已经大势已去，与皇位无缘，自己也开始谋求争夺皇位的活动。皇九子胤禟也开始散播一些言论，做着当皇帝的美梦，此人作为皇八子胤禩的亲密朋友，也是一个有野心的人。康熙五十六年（1717）十二月，仁宪皇太后（顺治帝的第二任皇后）病重，康熙心急如焚，忙着照顾，而胤禟却装病，把自己高高挂起。此外，他还收买康熙身边的太监，暗中打探父皇的举动，并贿赂康熙身边的重臣。虽然他颇有心计，但在争储斗争中势力较弱，没有形成气候，更多的时候在依附胤禩和胤禵。

后来，皇十四子胤禵也加入了争储行列。胤禵和皇四子胤禛为同胞兄弟，生于康熙二十七年（1688），开始他只是依附于胤禩，后来看到太子第二次被废，胤禔和胤禩被排斥，便有了争储之意。胤禵礼

贤下士，对李光地这样的朝中重臣
礼遇有加。很快，胤禵也建立起声
望。

康熙五十七年（1718），策妄
阿拉布坦入侵西藏，康熙命胤禵为
招远大将军，率军出征，这给了他
一个在康熙面前加分的大好机会。
出征前，康熙亲自为他祭拜，出征
之日，康熙在太和殿授予胤禵大将
军敕印，并派众多官员为他送行。
面对这番待遇，胤禩、胤禟都觉得
康熙对胤禵有意，全部喜不自胜。

皇十四子胤禵

到达西北后，胤禵继续广纳贤才，多次派人给学者送礼，并请人算
命，得知自己有富贵之命，他欣喜若狂。西藏战事进行得很顺利，胤
禵立下功勋，但他返回京城后，康熙并没有立他为太子的意思，要他
继续镇守西藏。这令胤禵大失所望，这也证明胤禵没有被康熙考虑。

诸多皇子中，还有一个不显山不露水的人物——皇三子胤祉。他
生于康熙十六年（1677），与太子胤礽关系很好。胤礽第一次被废
时，胤祉因与胤礽交好，所以并没有产生他心，为了缓和父皇和太子
之间的关系，他时常邀请父亲来自己的府上吃饭。胤礽第二次被废
时，他认为此时大哥胤禔已经被圈禁，太子又这样了，自己现在是所
有皇子中最年长的，就开始心动了。但是遗憾的是，胤祉的脑子不太
灵光。在之前的章节已经介绍过，胤祉在康熙五十二年（1713）负责
修书，把心思都放在编修典籍上，这虽然赢得了康熙的赞赏，却也令
他在争储斗争中失去了机会。当他意识到这个问题后，也开始派下属
孟光祖给各地官员送礼，笼络人心。他的做法实在是过于笨拙，康熙
马上就发现了他的心思，但念他一向老实本分，便不再追究，只是将
孟光祖处死。

康熙的所有皇子中，前前后后牵扯到争储斗争中的皇子多达9位，史称"九子夺嫡"。然而他们或志大才疏，或急功近利，或技巧笨拙，纷纷败北，只有皇四子胤禛手段高明，且善于隐忍，获得了最后的胜利，是为雍正帝。

皇子们的争储斗争令康熙心力交瘁，身体也是越来越差。康熙五十六年（1717）十一月，康熙生了一场大病，持续70多天。康熙六十一年（1722）十月二十一日，康熙去南苑行围，有大臣上疏，说皇上明年就是七十大寿了，应该准备一下庆贺典礼。康熙一生节俭，反对铺张，没有准奏。十一月初七，康熙又生病了，从南苑回到宫内，皇四子胤禛代他行郊祭。

十一月十日至十二日，皇四子胤禛连续三天派人向康熙请安，康熙均说"朕体稍愈"。十三日丑时，康熙病重，下令命皇四子胤禛速归，紧接着又召见皇三子、皇七子、皇八子、皇九子、皇十子、皇十二子、皇十三子、理藩院尚书隆科多到御塌前。戌时，康熙怀着对江山子民的无限眷恋告别了人世。

康熙的死，实际上是十分悲苦的。晚年诸位皇子争夺储君的惨剧确实让他心力交瘁，极大地消耗了他的身体。两废太子时，康熙曾说："朕未卜今日被鸩，明日遇害，昼夜戒慎不宁。"到了康熙五十四年（1715），康熙在出巡中说自己"右手病，不能写字，用左手执笔批旨"，这说明老年康熙的健康已经出现问题。此外，康熙中年时孝庄太皇太后病故、晚年时仁宪皇太后病故，这也对康熙的情绪有着很大的影响。可以说，康熙是久病缠身，积郁成疾。

读而时思之

一代帝王康熙走完了人生的旅途，他这一生发生了许多事情，历经酸甜苦辣。纵观康熙这一生，有哪些瞬间给你留下深刻印象？

康熙传

·笑到最后，皇四子胤禛即位·

康熙离世后，负责禁卫护卫的隆科多下令关闭京城九门。十一月十六日，颁布康熙遗诏，命皇四子胤禛继承皇位。胤禛告祭天地、太庙、社稷后，于二十日在太和殿登基，改元雍正。雍正尊谥康熙为"合天弘运文武睿哲恭俭宽裕孝敬诚信中和功德大成仁皇帝"，庙号"圣祖"，将康熙葬于遵化的景陵。

胤禛继承大统，这其中也有很多曲折的故事。

> **～❀ 人物档案 ❀～**
>
> 爱新觉罗·胤禛（1678—1735年），清朝第五位皇帝，年号雍正，康熙帝第四子，母为孝恭仁皇后（即德妃乌雅氏），生于北京紫禁城永和宫。康熙三十七年（1698）封贝勒；康熙四十八年（1709）被封为和硕雍亲王。在康熙二废太子后，积极经营争夺储位，于康熙六十一年（1722）十一月十三日继承皇位，次年改年号为雍正。

康熙帝景陵全景

第十二章 晚年遗憾与康熙盛世

胤禛

胤禛生于康熙十七年（1678）十月三十日，为皇四子。雍正的生母是乌雅氏（此时为德妃），但因孝懿仁皇后没有子嗣，康熙便将胤禛送给皇后来抚养。孝懿仁皇后是康熙生母的侄女，理藩院尚书、步兵统领隆科多的姐姐，有了这层关系，胤禛得以稳步成长。

胤禛年少时勤奋好学，不仅通晓满、汉、蒙古三种文字，还学习了经史、骑射等科目。康熙亲政噶尔丹时，胤禛掌管正红旗大营，接受父皇对自己的考验。为了培养他的能力，康熙还给了他一些差事。这说明康熙虽然有很多皇子，但对胤禛还是很重视的。

相较于胤禔、胤礽、胤禩等兄弟，胤禛的思维更加缜密，在皇储斗争中一直在幕后行动。一方面，他忠于父皇康熙，始终站在父亲的立场上，另一方面，他也积极笼络人心、结交人才，但又极力隐藏这些行为，不让康熙发现。为了让其他皇子放松警惕，胤禛故意以游山玩水的闲人身份示人，甚至连英明的康熙也被他蒙蔽了。

从历史记载来看，胤禛是个有心机的人。康熙曾评论他"喜怒不定"，因此他的人缘相较于其他活跃的皇子而言并不是太好，也没有显示出多么独特的才能。由此可见，他隐藏得十分精密。康熙第二次废太子时，康熙下令禁止臣下就此谏言。这时，胤禛也感到自己的机会来了，但他依然以"贤人"的面目示人，只是在背地里寻找机会。

胤禛朗吟阁行乐图

康熙五十七年（1718），康熙命皇十四子胤禵出征西藏，此时，朝野上下都传皇帝要立胤禵为太子，胤禛得知后也有一些忧虑。经过一番比较和思考，他采取了三条策略：第一，继续藏着锋芒，韬光养晦；第二，尽一切办法留在京城，等待时机；第三，拉拢康熙的亲信年羹尧、隆科多、马齐等人，积攒力量。年羹尧是川陕总督，手握兵权，可以监视胤禵；隆科多负责京城和畅春园的宿卫，是个重要人物。经过多年苦心经营，胤禛在不被看好的情况下笑到最后，成为康熙末年争储斗争的赢家。

不过，康熙的死和雍正即位在历史上却引发了争议。关于康熙的死，有一条说法认为是胤禛毒死了康熙。但很明显，这条说法不成立。因为康熙在去世前就已经疾病缠身。康熙六十一年（1722）十一月十三日，胤禛奉命急奔畅春园时，康熙已经处于弥留之际。另外，此时康熙身边只有隆科多在，胤禛没必要冒着风险做如此大逆不道之事。

还有康熙遗诏，也有民间流传的多种说法，有人说康熙本来想传位皇十四子胤禵，在遗诏中说"传位十四皇子"，是胤禛串通隆科多，将"十"改为"于"，变为"传位于四皇子"，这种说法也完全不成立。首先，康熙的遗诏不光用汉语书写，还要用满语和蒙古语书写，无法完全篡改；第二，清朝皇子的称呼是"皇十四子"，所以真的篡改了那就是"皇于四子"了；第三，古代使用繁体字，"于"写作"於"，根本没法改写。根据史料记载，康熙遗诏中说"雍亲王皇四子胤禛人品贵重，深肖朕躬，必能克承大统，著继朕登基，即皇帝位"，由此可见，胤禛的皇位来得名正言顺、合理合法。

> **读而时思之**
>
> 相较于其他皇子，胤禛显得十分隐忍，最终靠着自己的努力赢得康熙的信任，夺得皇位。在你印象中，胤禛，也就是雍正皇帝，是一个什么样的皇子？

·宽仁重孝，历代帝王的楷模·

总结康熙帝的一生，可以用"仁"和"孝"来评价。

康熙奉行"仁政"，这能从多方面体现出来：宽以待民，主张君臣一体；节俭自律，不铺张浪费；减免农民税赋，大力促进社会经济发展。

在后世，康熙的仁爱也被很多人所推崇。晚清重臣曾国藩认为康熙帝是"自古英哲非常之君"，认为康熙是承前启后、继往开来的伟大君主。康熙帝一生都很重视自身修行，以身作则，尤其在节俭方面，他言行一致，为天下人做出表率。康熙曾表示，"节俭固然是一种美德，大家都挂在嘴边，但能真正做到的人很少；现在天下太平，国家富裕，朕躬行节俭，宫中的开销很节约；明朝一天的开销，足够朕用一个月的"。康熙想要节俭的目的是明确的，他说："一切费用都是劳动人民的血汗积累而成的，朕是皇帝，只有做到约束自己，才能要求臣民做到。如果奢侈无度，则贵者就不会显得可贵了。祖上的传统就是如此，朕要时刻提醒自己。"

康熙的节俭并非说说而已，而是真切地体现在了实践上。他对劳民伤财、大兴土木等从不感兴趣。康熙八年（1669），孝庄太皇太后看见乾清宫交泰殿内的栋梁腐朽坏掉了，提议拆掉重建，作为康熙听政的场所。康熙服从了祖母的安排，但他给工部下的命令说不求多么华丽、昂贵，只求朴实、耐用。朝廷每年都要从蒙古收取物品，康熙二十四年（1685），康熙对御膳房官员说："天下财力有限，要为天下珍惜。现在酥油、乳酒等物供给富余，收取够用就行，不必过多。蒙古地区相对贫穷，如果减少收取，就可以满足平民百姓日用所需。"还是这一年的十二月，吉林乌喇地区因为捕貂鼠的数量不够，

供应不上，按照规定是可以给官员治罪的。康熙说："捕了那么多年，貂的数量肯定会减少，能维持往年的水平就不错了。不能因为数量不够就给相关人员处分，这相当于给无辜的人扣上罪名，是不公正的。如果得不到貂皮，朕宁愿少穿一件貂皮大衣，这又能怎么样呢？再说貂价格昂贵，又不是非有不可，朕没必要必须享用。"于是下令要求相关人员酌情处理，不怪罪当事人。

康熙一生崇尚节俭，注重开源节流，后来他废掉太子胤礽的理由之一就是太子过于奢靡，衣食住行的规格比康熙本人还高，就这样还不满足。

所谓"正人先正己"，康熙知道"其身不正，虽令不从"的道理，所以他从自己做起，率领朝臣们戒奢尚俭。对于一国之君来说，能做到这一点是很可贵的，所以康熙无愧于历代帝王的楷模。

康熙的"仁"不仅表现在节俭上，还体现在对臣子的宽仁上。康熙懂得"得人心者得天下"的道理，所以他追求的是天下人能从内心中认可他，愿意为他效力，而不是为皇权所屈服。康熙曾说："朕自小读书，见大臣多不能保其初终，故立志待大臣如手足，不论满汉蒙古，非大奸大恶，法不可容的，都务必保全。"他对历史上其他皇帝杀掉有功之臣的做法非常反感，比如在读《史记》时得知汉武帝因为天下出现灾难就要杀掉宰相，康熙对他的做法不以为然，认为宰相是辅佐皇帝的人，就算有过失，那么君臣互相勉励就好了，不能把所有错误都归咎到宰相身上。康熙很少向大臣发难，就算臣下出现过错，他也会用一颗宽大的心去面对，不对犯错的臣子进行严重的惩罚。

比如权臣鳌拜目中无人、嚣张跋扈，后来被康熙率布库少年生擒，他的罪过是完全可以被处死的，且议政王大臣也建议判处他死刑。康熙特地召鳌拜前来审问，鳌拜承认了所有的罪行。康熙看到他身上为保护自己祖父皇太极而拼杀所留下的疤痕时，不由得产生怜悯之情，就批示道："鳌拜理应依议处死，但念其效力年久，虽结党作恶，朕不忍加诛，着革职，籍没拘禁。"鳌拜没有被立刻处死，最终

紫光阁赐宴图卷（局部）·清·姚文瀚

死在狱中，他的儿子和亲人也都没有被追究，都被放过了。连鳌拜这样的想要篡权弑君的大恶之人都能免除死刑，其他人可想而知。事实上，在康熙朝，很多犯了死罪的大臣最后都被康熙网开一面，改为拘禁或流放，有的甚至直接被释放。

康熙之所以宽以待人，首先他本身就是个心地仁慈的帝王，其次是为了江山社稷。在康熙看来，皇帝掌握着生杀大权，但是仅仅依靠自身的权威，很难得到天下人的拥护。如果大家只是因为他是皇上、惧怕君主的威严而服从，那么这种统治只能维持表面上的安定，无法保证长治久安。所以，康熙经常强调要以仁治天下，不能只依靠皇帝的权威。他认为君臣要共进退，双方要减少猜忌，避免矛盾，这样大臣才会甘心为国家效力，尽职尽责。康熙写过一篇名为《君臣一体论》的文章，其中说："朕嗣守丕基，临御以来，无一日不与群臣接见，恒恐席崇高之势，不克尽群下之情。"

康熙还特别打破了一些禁忌，对下臣格外宽厚。康熙之前，乾清

宫宴请大臣时只招待满族大臣，并不招待汉臣，康熙二十一年（1682）正月，康熙下令要求汉官也可以在乾清宫内享受宴席。正月十四日，康熙在乾清宫设宴招待群臣，就包括汉族臣子，席间康熙亲自赐饮，大臣们喝多了，康熙就让太监扶他们回去，这种场面恐怕很难找到第二个。康熙二十六年（1687）六月，正是荷花盛开的季节，康熙召集群臣于瀛台，泛舟游览中南海的美景。

有臣子生病，康熙总会予以慰问，并赐良医、良药，关怀备至。比如著名大臣李光地，康熙和他名为君臣，实为师友。李光地生病期间，康熙多次派人送去药物。康熙五十年（1711），康熙去木兰围场，李光地留守京城，这时他已经年过古稀，早就行动不便，康熙特地赐给他西洋铁带，帮助他行走。后来李光地背上生疮，疼痛难忍。八月，他向康熙上书请求回家养老，康熙在给他的回信中说"想当时旧臣，近来全无，即如卿等者，不过一二人"，可见君臣之深情。为了缓解李光地的病情，康熙派太监去看望李光地，并赐予两罐海水，告诉其泡洗的方法。李光地按照方法进行，果然病情有好转。康熙还贴心地提醒李光地，饮食要多，多吃点肉食，千万不可减少。过了几天，李光地请求泡温泉，康熙叮嘱道，泡温泉很好，要多泡几天。此后康熙多次告诫李光地要注意饮食，不要吃生冷食物。如此亲切和质朴的话语，就像好友之间的叮嘱。

不仅有李光地，还有一些老臣也受到了康熙的关怀。康熙二十一年（1682）正月十五，康熙在殿内赐宴群臣，但是大学士杜立德因病未能前来，于是康熙派人赐酒肉，并在谕中说"今卿卧病，不克同此欢，特遣使慰问，赐以醴馔"。当杜立德辞官回乡时，康熙赏赐给他物品并送诗一首。康熙到了晚年更加珍惜群臣的情谊，当有大臣申请退休，他就伤心而落泪；有大臣去世，他就照顾好他们的后代。

康熙帝一生的仁爱，也体现在"孝"上。自古百善孝为先，康熙对孝道有着深刻的见解。康熙说："凡人尽孝道欲得父母之欢心，不在衣食之奉养，唯持善心，行合道理，以慰父母而得其欢心，斯可谓真孝者矣。"康熙认为，每个人从孝敬父母扩大到爱天下人，这是孝的精神。

康熙的孝，体现在他对祖母孝庄上。之前介绍过，康熙年幼登基，正是在孝庄的精心呵护下不断成长，最终成为一代帝王。孝庄对自己的孙子十分关心，亲自教导孙子文化学习，告诉他做人的道理。在祖母的养育下，康熙健康成长，同时他也把爱回报给疼他、爱他的老祖母。当时，大臣这样说，"皇上至德纯孝，侍奉太皇太后三十多年，极四海九州之养，尽一日三朝之礼，无一时不尽敬，无一事不竭诚"，"此皇上事太皇太后于平

孝庄太皇太后便服像

日，诚自古帝王之未有也"。康熙对孝庄的孝顺体现在一点一滴中，不论政务多么繁忙，康熙每隔两三天都要去慈宁宫向孝庄请安，向她汇报朝中的情况。如果时间允许或者孝庄身体抱恙，康熙会一连多日每天前去探视。

康熙十一年（1672）二月初六，宫中上奏：皇后赫舍里氏所生的皇子、年仅4岁的承祜，于昨日上午病逝。这个皇子天资聪颖，深受康熙喜爱，面对这个不幸的消息，康熙非常悲痛，但他当晚依然去给孝庄请安，隐瞒着爱子的死讯，对祖母"谈笑如常"。此后他强忍着悲痛，每天照样去给祖母问安。能做到这一点，是十分难得的。

最能体现康熙孝顺的，是他陪孝庄出巡五台山。孝庄信奉佛教，五台山是北方的佛教名山，孝庄一直想去那里拜佛，但一直未能如愿。为了让祖母不留遗憾，康熙二十二年（1683）二月，康熙率领皇太子到五台山菩萨顶喇嘛寺拜佛，为祖母祈福，也是为祖母出巡打前站。此时孝庄已经是70多岁了，腿脚不便，为了确保她能平安地前往，康熙下令重修北京到五台山的道路和桥梁。一切妥当后，康熙和自己的兄弟陪同祖母一同出发。

五台山

登五台山的路上，由于山路崎岖，车行不便，康熙让祖母上轿子，并亲自指挥校尉扶掖祖母上轿。孝庄看到校尉们边走山路边抬着轿子非常艰苦，就坚持乘车。康熙劝说无效，让祖母上车，并瞒着祖母，让校尉们抬着轿子跟在车的后面。他在车边上照应着，走了一会儿，车颠簸得厉害，康熙实在是不忍心，就请祖母再回到轿子上。孝庄顾虑道："我已经乘车了，轿子不知道在哪里，能过来吗？"康熙说："轿子就在后面。"孝庄大为感动，抚摸着康熙的后背，连说康熙孝顺。后面的路更加崎岖，孝庄也实在是不想给大家添麻烦，决定就此为止，让康熙代她到佛顶帮她完成心愿。虽然没有亲自上去，但孝庄已经心满意足了。

孝庄于康熙二十六年（1687）十二月二十五日去世，康熙非常痛苦，连续几天都没有吃饭。祖母去世后，康熙也没有忘记她，每次想她了，都会痛哭流涕。

康熙用实际行动诠释了孝道。他是孝子，也喜欢孝顺的人，最唾

昭西陵

孝庄皇太后之墓。从地理位置看，此陵在昭陵的西面，故名昭西陵。

弃不孝的人。康熙说："人君以孝知天下，则臣下观感以作忠，兆民亲睦而成俗，真所谓至德、要道也。"回顾康熙帝的一生，确实做到了儒家文化倡导的"仁孝"，从而使清朝社会和睦、安定。

读而时思之

康熙帝的仁爱和孝顺是非常出名的。对比一下你自己，有哪些方面需要向康熙学习呢？康熙对待自己祖母的故事，给了你哪些启示？

·千古一帝，康熙盛世的评价·

康熙帝凭借自己的才华、智慧、胆识、谋略、胸怀，在人生旅途中克服了诸多困难，完成了重大使命。康熙的文治武功，修养行事，都受人称道。康熙在位 61 年，做了许多事情。关于他的评价，历史上也众说纷纭。康熙一生中给后世留下的历史财富，主要有以下方面：

第一，中国版图得以奠定。康熙即位后，确定了清朝的疆域。

在东南，康熙面对收复台湾的郑氏集团，以施琅为福建水师提督，采取边招抚边征讨的策略，将台湾统一。设立台湾府，派兵驻防台湾。从此加强了中央对台湾的管辖，促进了台湾经济文化的发展。

在东北，面对来势汹汹的沙俄侵略者，康熙派兵与敌人进行坚决斗争，取得雅克萨自卫反击战的胜利，在尼布楚同沙俄签订《尼布楚条约》，规定格尔必齐河、额尔古纳河以东，外兴安岭以南，黑龙江流域、乌苏里江流域归中国所有。清朝加强了对黑龙江地区的管辖，打击了异族入侵者的气焰。

在北方，解决了漠北蒙古问题。康熙说："我朝施恩于喀尔喀，使之防备朔方，较长城更为坚固。"秦汉以来，长城是中原地区防御北方游牧民族的屏障；康熙之后，蒙古是中华民族防御外国入侵的长城。

在西北，亲征噶尔丹。康熙先后三次亲征噶尔丹反叛势力，不仅稳定了漠北喀尔喀蒙古，还稳定了漠南蒙古的社会，有助于安定西藏，更确保了边疆的稳定。

在西南，进兵西藏。与西藏黄教保持友好关系，册立达赖和班禅，平定蒙古反叛势力策妄阿拉布坦对西藏的袭扰，在西藏驻军，设立驻藏大臣，维护西藏的稳定。康熙时期，国家稳定，少数民族地区的反叛都被平定，也解除了外族入侵的威胁，这是康熙治国创造的功绩，也是康熙盛世的表现。

第二，中华民族关系融洽。清朝建立之初，因为是满族建立的政权，满汉之间关系非常紧张。康熙尊孔倡儒，笼络汉臣，消除了满汉之间的隔阂。在蒙古、西藏等少数民族地区，康熙也采取过硬的政治手腕，解决了民族问题并巩固了民族关系。康熙时期，多个民族融合于中华大家庭中，没有出现大的民族动荡，体现出盛世的景象。

第三，中华文化得到传承。康熙在文化方面有着巨大的贡献，编纂了《康熙字典》《古今图书集成》《全唐诗》《律历渊源》等书籍，还先后兴建木兰围场、避暑山庄，还引进西方科学，积极学习先进科学技术。中华文明在康熙时期得到传承，没有中断。

第四，经济有效恢复。清军入关后，民不聊生，八旗贵族肆意圈地。康熙下令停止圈地，组织农业生产。康熙还积极治理黄河水患，取得很大成绩。在民生问题上，康熙蠲免田赋，赈济灾荒，解除农民的压力。康熙朝社会经济得到有效恢复。

第五，社会秩序安定。康熙平定"三藩之乱"后，虽然社会也出现了一些矛盾，有一定的民族纠纷，但没有出现太大的动乱。在康熙朝，社会总体是安定的。

康熙的功绩很多，但也有缺憾。比如在对外交流方面，康熙先开放海禁，但之后又恢复海禁，关闭国门，拉大了中国与西方的差距；在旗务改革上，缺乏根本的改革与创新，只解决了一些细枝末节的问题；在立废太子上，两次立废太子，弄得满朝风雨，自己也筋疲力尽等。总体来说，康熙帝有功有过，有对有错，有成功也有缺憾，但他依然是中国历史上最伟大的皇帝之一。

读而时思之

如何评价康熙帝一生的功绩和不足？

·附录一·

康熙皇后表

序号	名号姓氏	生年	生平	卒年	享年
1	孝诚仁皇后 赫舍里氏	1654	康熙四年九月立为皇后	1674	21
2	孝昭仁皇后 钮祜禄氏	不详	康熙十六年八月立为皇后	1678	不详
3	孝懿仁皇后 佟佳氏	不详	康熙十六年立为贵妃，二十年晋皇贵妃，二十八年立为皇后	1689	不详
4	孝恭仁皇后 乌雅氏	1660	康熙十八年立为德嫔，二十年晋德妃，雍正即位后追封为孝恭仁皇后	1723	64

注：康熙共4位皇后

康熙皇子表

序号	名字	生年	封爵	卒年	享年
皇长子	胤禔	1672	康熙三十七年封直郡王，四十七年削爵拘禁	1734	63
皇次子	胤礽	1674	康熙十四年立为太子，四十七年废，四十八年复立，五十年再废	1725	51
皇三子	胤祉	1677	康熙三十七年封诚郡王，次年降贝勒，四十八年晋诚亲王，雍正即位后削爵拘禁至死	1732	56
皇四子	胤禛	1678	康熙三十七年封贝勒，四十八年晋雍亲王，六十一年即位，是为雍正帝	1735	58
皇五子	胤祺	1680	康熙三十七年封贝勒，四十八年晋恒亲王	1732	53
皇六子	胤祚	1680		1685	6
皇七子	胤祐	1680	康熙三十七年封贝勒，四十八年晋淳郡王，雍正元年晋淳亲王	1730	51

序号	名字	生年	封爵	卒年	享年
皇八子	胤禩	1681	康熙三十七年封贝勒，四十七年削爵，后还爵，雍正即位后圈禁	1726	46
皇九子	胤禟	1683	康熙四十八年封贝子，雍正三年削爵，除宗籍	1726	43
皇十子	胤䄉	1683	康熙四十八年封敦郡王，雍正二年圈禁，乾隆即位后释放	1741	59
皇十一子	胤禌	1685		1696	12
皇十二子	胤祹	1686	康熙四十八年封贝子，雍正即位晋履郡王，雍正二年降贝子，二年降镇国公，八年再晋履郡王，十三年晋履亲王	1763	78
皇十三子	胤祥	1686	雍正即位封怡亲王	1730	44
皇十四子	胤禵	1688	康熙四十八年封贝子，雍正元年晋郡王，三年降贝子，四年拘禁，乾隆即位后释放，乾隆十二年封贝勒，十三年晋恂郡王	1755	68
皇十五子	胤禑	1693	雍正四年封贝勒，八年晋愉郡王	1731	39
皇十六子	胤禄	1695	雍正元年袭封庄亲王	1767	73
皇十七子	胤礼	1697	雍正元年封果郡王，六年晋果亲王	1738	42
皇十八子	胤祄	1701		1708	8
皇十九子	胤稷	1702		1704	2

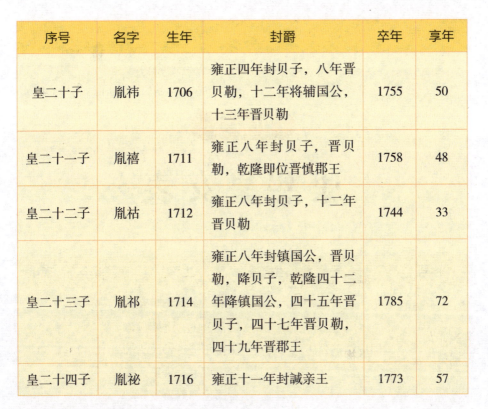

序号	名字	生年	封爵	卒年	享年
皇二十子	胤祎	1706	雍正四年封贝子，八年晋贝勒，十二年将辅国公，十三年晋贝勒	1755	50
皇二十一子	胤禧	1711	雍正八年封贝子，晋贝勒，乾隆即位晋慎郡王	1758	48
皇二十二子	胤祜	1712	雍正八年封贝子，十二年晋贝勒	1744	33
皇二十三子	胤祁	1714	雍正八年封镇国公，晋贝勒，降贝子，乾隆四十二年降镇国公，四十五年晋贝子，四十七年晋贝勒，四十九年晋郡王	1785	72
皇二十四子	胤祕	1716	雍正十一年封諴亲王	1773	57

注：康熙共 35 子，仅记录在册的 24 子

附录三

康熙皇女表

序号	名号	生年	生平	卒年	享年
皇养女（康熙弟之女）	固伦纯禧公主	1671	康熙二十九年封和硕纯禧公主，下嫁科尔沁博尔济吉特氏头等台吉班第，雍正元年晋固伦纯禧公主	1742	71
皇三女	固伦荣宪公主	1673	康熙三十年封和硕荣宪公主，下嫁巴林博尔济吉特氏额驸色布腾之孙乌尔衮，四十八年晋封固伦荣宪公主	1728	56
皇五女	和硕端静公主	1674	康熙三十一年封和硕端静公主，下嫁乌梁罕氏喀喇杜棱郡王札什之子噶尔臧	1710	37
皇六女	固伦恪靖公主	1679	康熙三十六年封和硕恪靖公主，下嫁博尔济吉特氏喀尔喀郡王敦多布多尔济，雍正二年晋固伦恪靖公主	1735	57

序号	名号	生年	生平	卒年	享年
皇九女	固伦温宪公主	1683	康熙三十九年封和硕温宪公主，下嫁佟国维之孙舜安颜，雍正元年追晋固伦温宪公主	1702	20
皇十女	固伦纯悫公主	1685	康熙四十五年下嫁博尔济吉特氏喀尔喀台吉策凌，封和硕纯悫公主，雍正十年追晋固伦纯悫公主	1710	25
皇十三女	和硕温恪公主	1687	康熙四十五年封和硕温恪公主，下嫁博尔济吉特氏翁牛特杜棱郡王仓津	1709	23
皇十四女	和硕悫靖公主	1689	康熙四十五年封和硕悫靖公主，下嫁振武将军孙思克之子散秩大臣一等男孙承运	1736	48
皇十五女	和硕敦恪公主	1691	康熙四十七年下嫁科尔沁博尔济吉特氏台吉多尔济	1710	19

注：康熙共 21 女，仅记录在册的 9 位